분리수거부터
인공위성까지

분리수거부터
인공위성까지

행정은 공공서비스 인프라다

김용만 지음

온하루

목
차

서문 • 09

| 1장 | **민주주의는 시끄럽다**

1. 표현의 자유에도 한계는 있다 • 14

2. 공무원의 역할은 변하고 있다 • 18

3. 공무원은 무능하지 않다 • 23

| 2장 | **지방자치는 역주행 중이다**

1. 지방자치는 갈 길이 멀다 • 30

2. 지방의원은 국회의원을 벤치마킹 한다 • 35

3. 지방의회는 해외연수로 요란하다 • 42

4. 지방의원의 재량사업비는 성역이다 • 51

5. 정치인의 출판기념회는 공무원을 난처하게 만든다 • 54

| 3장 | ## 지방에도 사람이 살고 있다

1. 지역 축제는 계속되어야 한다 · 62

2. 인구 감소는 피할 수 없다 · 69

3. 지방은 사라지지 않는다 · 73

4. 평생 교육으로 지방대학과 지방은 상생할 수 있다 · 77

| 4장 | ## 투자유치 MOU, 함부로 말하지 마라

1. 의회는 행정을 감시하고 견제한다 · 82

2. 공무원은 소신껏 응답해야 한다 · 85

3. 투자유치는 우공이산의 마음이 필요하다 · 88

4. 투자유치는 정쟁의 대상이 아니다 · 93

| 5장 | ## 이익단체는 사회적 약자가 아니다

1. 아직도 후진적인 안전사고가 끊이질 않는다 · 100

2. 때로는 좋은 뜻도 사회갈등을 부른다 · 104

3. 공무직의 정규직 전환 과정은 험난하다 · 107

| 6장 | 공무원은 동네북이 아니다

1. 공무원에게 부정적인 낙인을 찍는다 · 122

2. 공무원도 영혼이 있다 · 124

3. 돈을 쓰는 행정과 돈을 벌어야 하는 경영은 원칙이 다르다 · 131

4. 행정의 재량권은 제멋대로다 · 136

5. 일과 가정의 병행은 직장인의 소망이다 · 143

6. 공무원의 경쟁력이 국가 경쟁력이다 · 150

| 7장 | 공무원을 둘러싼 에피소드

1. 원하지 않는 자리로 인사발령이 나다 · 160

2. 어쩌다 시장이 됐다 · 166

3. 전시행정에 유통기한은 없다 · 175

4. 인사는 만사거나 망사다 · 182

5. 권한 위임이 인사 성공의 지름길이다 · 188

6. 권력형 민원에 공무원은 힘들다 · 200

7. 회의 공화국에 회의를 느낀다 · 213

8. 공무원은 생각 없이 일하지 않는다 · 219

9. 공무원은 거주 이전의 자유가 없다 · 223

10. 정부 보조금에 공짜가 많다 · 228

11. 지역신문은 공무원이 본다 · 235

12. 음주 운전은 공무원 생활의 암초다 · 239

| 8장 | # 행정의 특징과 슬기로운 공무원 생활

1. 행정은 공공서비스를 효과적으로 제공해야 한다 · 244

2. 행정에도 경쟁이 있다 · 247

3. 행정은 힘이 있다 · 251

4. 행정의 외부 환경은 변하지 않는다 · 254

5. 행정이 일자리를 제공해야 한다 · 258

서문

공무원은 돈을 쓰는 직업이다. 돈을 벌려고 애쓰는 다른 직업과 달리, 공무원은 돈을 잘 쓰려고 노력해야 한다. 높은 도덕성과 책임감으로, 국민의 삶의 질 향상과 국가 발전을 위해, 공무원은 절차에 따라 투명하게 예산을 짜고 집행해야 한다. 쓰레기 수거부터 인공위성 발사까지, 공무원은 국가의 모든 일을 직·간접적으로 수행하므로 전문성과 성실성을 갖춰야 한다. 국민의 세금인 예산의 낭비를 막으려면 공무원의 선의가 우선이지만, 언론, 의회, 시민단체의 견제와 감시도 필요하다.

공무원을 보는 우리 사회의 인식은 이중적이다. 공무원 한 사람의 잘못과 일탈은 대개 공무원 전체의 문제로 인식되므로, 공무원을 향한 시선은 곱지 않은 편이다. 언론과 시민단체는 공무원의 역할과 행태에는 부정적이지만, 상당수 국민은 공무원을 직업으로 선택하는 데는 긍정적이다. 하지만 공무원의 전반적인 이미지는 철밥통, 무사안일, 비전문성, 무영혼 등 부정 일색이다. 그래서인지 소설, 드라마, 영화에서 일반직 공무원의 이야기는 찾기 힘들고, 있다고 해도 주인공 역할은 주어지지 않는다.

일반직 공무원이 주인공인 유일한 영화는 '나는 공무원이다'뿐이다. 제목부터 비호감이니 흥행은 당연히 저조했다. 주인공은 9시 출근, 6시 퇴근을 고수하고, 무사안일이 개인적 신념이다시피 한 구청 7급 공무원인데, 공무원들이 보면 공감하기 힘든 캐릭터다. 거악을 척결하고 사회정의를 실현하는 법조인과 휴머니즘을 실천하는 의사는 드라마나 영화로 거듭 생산되지만, 일반 공무원은 감동은커녕 주인공의 신념과 활약을 가로막는 모습으로 그려진다.

범죄나 불치병이 관객의 시선을 끄는 소재고 이야깃거리가 넘치는 건 맞지만, 법조인과 의료인은 극단적으로 미화되어 곧잘 상품화된다. 그에 비해 백만이 넘는 일반 공무원은, 매일 예산을 집행하고 민원과 갈등을 조정하는 고된 일상을 반복하지만, 언론을 제외하고는 아무도 관심을 가지지 않는다.

공무원의 전문성을 의심하는 시선도 있지만, 공무원의 업무는 법 해석과 과학적 근거, 갈등관리 등 높은 전문성을 요구한다. 공무원은 광범위한 행정서비스를 하루하루 제공하지만, 개인이 아니라 시스템으로 기능한다. 행정은 개인의 능력보다 조직의 역할과 기능에 따라 작동한다. 공무원의 업무 전문성은 개인이 아니라 조직으로 실현되므로 주목받지 못하고 있다.

막스 베버(Max Weber)는 "공무원의 명예는 상관의 명령을 마치 자신의 신념처럼 받아들여 그대로 수행하는 데 있다."라고 관료제의 작동 원리를 설명했다. 그런데 막스 베버의 주장처럼 업무를 수행하다 보면 공무원은 영혼이 없다는 비난에 직면할 수 있다. 편견과 부정적인 이미지에 갇힌 공무원의 처지가 안타까워 나는 나 자신을 돌아보며 동료들을 위로하고 싶었다. 공무원이 처한 상황 속에서 직접 겪고 대응하며 힘들었던 그 마음을 함께하려고 이 글을 썼다.

1장과 2장은 민주주의와 지방자치라는 이념과 제도가 행정의 현실에서 실제로 표출되는 양상을 나름의 경험과 생각으로 정리했다.

3장, 4장, 5장은 행정을 둘러싼 환경이 어떻게 행정에 침투해 작동하는지, 지역 축제와 기업 유치 활동, 노동단체와의 갈등을 통해 조명했다.

6장과 7장은 공무원에 대한 편견과 비판에 대해 제도와 현실 사이의 괴리를 설명하고, 직접적인 경험을 바탕으로 공무원을 변론하고자 노력했다.

8장은 행정학 이론과 행정 현실과의 틈새를 줄이고자, 실제로 맞부딪치는 문제 해결을 위한 행정의 특성과 원칙을 피력했다.

공무원과 국민은 특별권력관계가 아니다. "행정은 쇼이고 공무원이 불편해야 국민이 편하다"는 과거 어떤 단체장의 말은 더 이상 유효하지 않다. 공무원은 국민의 이웃이고 동료이자 기본권을 가진 또 다른 국민이다. 이 책이 현장에서 일하는 공무원에게는 작은 위로와 희망이 되고, 행정에 관심 있는 국민에게는 공무원을 새롭게 이해하는 계기가 되었으면 하는 바람이다.

2023년 7월 김용만

| 1장 |

민주주의는
시끄럽다

표현의 자유에도 한계는 있다

도청 로비 앞이 오늘도 소란스럽다. 새만금○○추진위원회가 기자회견과 성명을 발표하느라 야단이다. 늘 있는 일이지만 날씨가 풀려서인지 오늘따라 유난히 시끄럽다. 도청 앞이 각종 집회와 시위의 중심지가 된 지 오래다. 도청이 지금의 위치인 신도시로 이전한 2006년부터 17년이 넘도록 노동단체, 농민회, 시민단체, 지역 현안에 반대하는 민원인의 집회·시위가 끊이지 않았다.

도청사 내부에서의 집회와 시위는 위법하다. 세종과 과천, 광화문 등 정부청사 내의 집회·시위 또한 허용되지 않고 철저히 통제된다. 정부청사 정문 앞이나 인근 거리는 하루가 멀다고 집회·시위가 열리지만, 청사 내부에서의 시위는 허락하지 않는다. 하지만 관리기관인 경찰은 집회·시위가 신고제라는 이유로 부당한 신고서를 반려하지 않고 도청사 내의 위법을 묵인하고 있다. 사정이 이러니 날씨 좋은 봄·가을에는 특정 노동단체가 몇 달씩 알박기하듯 장기 집회를 신청해 로비 앞을 독점하기도 한다. 때로는 집회가 끝나도 스피커를 소음 수준으로 계속 켜놓고 업무를 방해한다. 경찰이 나타나면 잠깐 볼륨을 낮춰 위법 상태를 피하고 경찰이 돌아가면 바로 소리를 키우는 숨바꼭질도 마다하지 않는다. 개인의 권리와 사회정의를 위한다는 이들의 행동은 시위 현장에서 대중을 선동해 돈벌이하는 일부 유튜버의 작태와 다를 게 없다.

노동 관련 행사에서는 수십 명의 시위대가 깃발과 현수막 아래서 징을 치며 청사 내부를 행진하며 노래를 부른다. 행진 뒤엔 공무원을 욕하거나 행정을 비난하는 내용의 현수막을 청사 내·외부에 도배하기도 한다. 법을 지키면서 시위를 하라고 요청하면 준법 강요가 노동 탄압이고 닫힌 행정이라며 위법한 시위를 계속한다. 표현의 자유는 폭넓게 보장되어야 하지만 권리행사의 한계도 분명하다. 도민 전체를 위해 공공서비스를 제공하는 도청에서 특정 이익단체가 불법을 일삼아 업무를 방해한다. 불법행위에 적극적으로 방어하지 못하는 현실이 안타깝다. 도청은 무법과 무질서가 용인되는 장소가 되어버렸고 공무원은 기본권의 사각지대에 방치되고 있다.

민주주의는 국가의 주권이 국민에게 있는 국민을 위한 정치사상이며 제도다. 대한민국은 국민 모두에게 신체의 자유, 언론·출판의 자유, 집회·결사의 자유를 보장하는 민주공화국이다. 모든 국민이 자기 생각과 의견을 자유롭게 밝힐 표현의 자유가 보장돼 있다. 우리나라는 민주주의의 제도적 기반 위에 첨단 정보통신기술이 더해져, 누구나 시·공간의 제한 없이 실시간 토론·논쟁이 가능하다. 종편 방송과 다양한 SNS에서 시사 토론과 평론이 온종일 방영된다. 그러나 숙의 과정은 생략되고 즉흥적 대응이 일반화되다 보니, 논쟁이 격렬해지면 상대를 무조건 반대하고 적대시하는 진영 대립의 부작용도 생겼다. 가짜 뉴스로 조회수를 늘리려는 유튜브나 인터넷 사이트는 반목과 갈등을 부추기고 있다.

가난과 억압이라는 외부의 적이 사라지자 세대·이념·남녀 갈등으로 내부 분란이 심각해졌다. '개인의 희생을 감수하고 국가와 사회를 위해 일사불란하게 순응하던' 착한 국민은 더 이상 없다. 과거의 사고방식으로는 민주화된 시민의 폭발하는 욕구를 더 이상 해소하지 못한다. 정부가 국가 발전을 위해 일방적으로 공급하던 행정서비스도 일자리, 복지, 보건, 의료, 환경 등 삶의 질을 개선하는 방향으로 변해야한다. 급격한 환경변화 속에 질서 있는 지역발전을 위한 행정의 갈등관리 능력이 중요해졌다.

2021년 7월에 유엔무역개발회의(UNCTAD)는 한국을 선진국으로 인정했다. 1964년 유엔이 설립된 이래로 개발도상국에서 선진국 그룹으로 지위가 변경된 나라는 한국이 처음이다. 이제 한국은 경제 성장과 민주화를 함께 이룬 명실상부한 선진국이다. 경제 규모는 세계 10위권으로 도약하고, 주기적인 선거로 정권 교체가 가능한 민주 국가가 됐다. 우리 스스로는 정치·경제·사회·문화 등 종합적인 면에서 과연 선진국인가에 대해서 긴가민가했다. 'BTS'가 세계를 휩쓸고 영화 '기생충'과 드라마 '오징어 게임'이 전 세계의 호평을 받아도 우리는 IMF 트라우마로 혹시 이거 국뽕이 아닌지 의심해야 했다.

유엔의 의도는 우리나라에 주던 개발도상국 혜택을 중단하려는 것이지만, 어쨌든 우리는 공식적으로 선진국이 됐다. 어느 날 눈 떠 보니 선진국이 된 게 아니라 국민의 꾸준한 노력으로 선진국이 됐다. 하지만 정치·경제·사회·문화의 경쟁력은 선진국의 필요조건이지 충분조건은 아니다. 선진국의 충분조건은 '개인의 자유'와 '사회 질서'의 조화와 균형인데 아직 우리 사회는 자유와 질서가 충돌 중이다.

...

공무원의 역할은 변하고 있다

개발도상국 시절에는 선진국을 따라잡기 위해 정부가 앞장서 산업 정책을 수립하고 자원 배분의 선택과 집중으로 국가 발전을 이끌었다. 국민도 잘살아보자는 목표를 향해 어려움을 참고 정부와 함께 눈부신 경제 성장의 주역이 됐다. 그러나 경제 성장과 아울러 시민 사회도 함께 성장해 정부의 역할도 변해야만 했다. 정부는 민간분야의 효율성과 창의성을 높이기 위해 규제와 통제가 아닌 지원하는 자세를 가져야 한다. 그동안 규제 위주로 일해 온 공무원은 국민의 요구에 즉각적으로 반응하고, 투명한 절차에 따라 공개적으로 업무를 처리해야 한다.

경제적 양극화로 심화된 불평등의 해소와 사회적 약자를 위한 복지 사각지대의 차단에 노력해야 한다. 수도권 집중으로, 지방 소멸을 우려하는 지방정부는 지역 존속과 발전이라는 절박한 임무까지 수행해야 한다. 빠르게 변하는 기술 발전과 경제 환경변화에 적응하며, 새로운 지역사업 발굴과 예산확보로 수도권에 비해 미약한 인적·물적 인프라를 구축해야 한다. 재정이 부족한 지방정부는 지역에 필요한 대형 국가사업을 발굴하고 정부 사업에 반영시켜 국가 예산을 확보해야 한다.

지역발전을 위한 대형사업의 발굴 과정은 길고 힘들다. 총사업비 500억 이상 대규모 신규 공공사업은 사업 추진의 당위성 입증과 전문기관의 예비타당성조사를 통과해야 정부예산에 반영될 수 있다. 예비타당성조사를 어렵게 통과해도, 정부의 예산 반영을 위해 발이 닳도록 중앙부처를 방문해 협의해야 한다. 예산이 반영된 후에도 국회 상임위와 예결위의 예산심의를 통과해야 한다. 마침내 12월, 국회 본회의를 통과하면 지역의 숙원 사업이 본예산으로 확정된다. 참으로 긴 여정이다. 지방공무원은 1년 내내 예산확보를 위해 대형 국책사업을 발굴하고 중앙정부, 국책연구소, 국회를 설득하는 과정을 반복한다. 본격적인 정부 예산 편성은 보통 전년도 3월부터 시작되므로 사업발굴과 사전 행정절차는 최소 2년 전부터 준비해야 한다.

낙후된 지역의 대규모 신규 사업의 추진 과정에서 시간과 노력이 가장 많이 드는 게 '예비타당성조사'다. 예비타당성조사의 평가 기준은 경제성·정책적 타당성·지역 균형발전 등인데, 경제 기반이 부족한 낙후 지역은 경제성을 충족하기 어렵기 때문이다. 정부는 지역균형발전 등의 이유로 국가의 정책적 필요성이 확실하면 예외적으로 예비

타당성조사를 면제하기도 한다. 전북의 숙원 사업인 새만금공항은 현재 상황보다 미래 수요를 강조하며 5년 넘게 준비해 예비타당성조사를 면제받았다. 그런데 공항 계획이 구체화 되고 예산 반영이 시작되자 지역의 일부 환경단체가 반발했다. 그동안 거론한 적이 없던 새만금 내부의 갯벌 보호와 타당성 부족을 이유로 다시금 새만금공항 반대 집회·시위를 했다. KTX로 한 시간이면 서울에 갈 수 있는데 공항이 왜 필요하냐고 따졌다.

새만금 공항은 전북의 기회이자 위기다

새만금사업은 30여 년 전에 시작해 오랫동안 반대에 시달려 가다 서기를 반복하다 대법원의 최종 판결로 우여곡절 끝에 재개되었다. 그러나 아직도 개별 사업이 진행될 때마다 갈등과 지연이 되풀이된다. 사업 계획이 확정되고 이미 수조 원이 투입된 국가사업을 사사건건 반대하고 전체 사업을 부정하는 특정 시민단체의 주장이 과연 지역주민의 뜻인지 의문이다. 시민단체에 맞서 지역경제단체는 공항 건설을 옹호하는 맞불 집회를 열기도 한다. 새만금공항은 전북도민이 해외에 나가기 위해서도 필요하지만, 지역발전을 위한 외국 투자와 관광객 유치를 위해 꼭 필요한 기반 시설이다.

전북은 일찍이 세계화 시대의 공항 필요성을 절감해 1997년에 새로운 공항 건설을 건설교통부에 건의했다. 다행히 이듬해 건설교통부가 김제시 일대를 공항 부지로 지정했다. 전북 정치권과 도청의 발 빠른 대응으로 건설교통부의 승인과 모든 절차를 거쳐 공항부지 매입까지 순탄하게 진행했다. 그러나 아쉽게도 김제시와 지역 국회의원의 지속적인 반대로 끝내 무산됐다. 반대 이유는 김제시민의 의사 무시, 인근 군산 공항 활용 가능, 서해안고속도로와 고속철도 건설로 인해 경제성이 낮다는 것이다. 그 후 25년이 지난 지금도 전북도민의 군산공항 활용은 여전히 어렵고, 고속철도를 타고는 외국에 갈 수 없다. 전북도민은 1시간 남짓 거리의 중국이나 일본에 가기 위해 4시간 이상 버스를 타고, 인천공항에 가서 2시간 넘게 대기해야 한다. 외국 투자자들은 투자 협의 중에, 전북에 민간항공노선이 없다는 사실에 난색을 보이기 일쑤여서 투자유치에 어려움도 많다. 도민 간의 갈등으로 새만금공항의 실패 역사가 다시 반복될까 걱정이다.

지방공무원은 국가 예산의 확보와 집행뿐만 아니라, 주민 안전과 삶의 질 개선을 위해 기후 위기 대응, 감염병 예방·관리, 생태환경 보호에 적극적으로 나서야 한다. 경제적 양극화로 인한 복지 사각지대 해소와 사회적 갈등 관리도 매우 중요한 일이 되었다. 우리나라는 압축적 경제성장으로 인한 사회문화 지체 현상 때문에 OECD 국가 중 공공 갈등이 매우 높다. 공공 갈등은 사회통합을 어렵게 하고 사회적 비용을 유발해 국가경쟁력에 악영향을 미친다. 민간과 정부 연구소는 공공 갈등이 개선되면 1인당 GDP와 국가 잠재 경제성장률이 증가한다는 연구 결과를 내놓았다.

공공 갈등은 공공 정책을 수립하고 추진하는 과정에서 발생하는 이해관계의 충돌인데, 갈등의 한쪽 당사자가 정부나 공공영역일 때이다. 공공 갈등은 이론적으로 이익 갈등, 가치 갈등, 복합 갈등으로 구분하지만, 실제로는 거의 경제문제와 가치문제가 결합한 복합 갈등이 대부분이다.

과거 정부는 공공 갈등을 최대한 억제하는 수단을 선호했다. 현재는 갈등의 순기능에 주목해 회피보다는 당사자 간의 협상이나 3자의 조정, 중재를 통한 효과적인 관리에 중점을 두고 있다. 그러나 실제 발생하는 갈등은 노조, 농민회, 시민단체의 일방적인 주장과 항의가 대부분이다. 해결 방안도 행정에서의 일방적인 양보가 아니면 어렵다. 성숙한 시민의식이 자리 잡지 않는 한 일부 이익단체의 무차별적인 반대를 위한 반대를 넘어서기 힘들다. 하지만 행정은 인내심을 갖고 설득해야 한다. 설득과 타협이 공공 갈등 해소는 물론 시민의식을 함양할 수 있기 때문이다.

3

...

공무원은 무능하지 않다

행정환경은 빠르게 변하고 있다

행정은 민주화, 세계화, 경제 양극화, 기후 위기, 코로나 팬데믹 등, 다양한 외부환경 변화에 적극적으로 대응해야 한다. 하지만 비효율적인 내부 관행과 외부 압력으로 행정은 아직도 과거의 행태에 머물러 있다. 민주화로 시민 사회는 성장하고 입법부 권한은 강화되었으며 글로벌 기업은 시장뿐만 아니라 공적 영역에도 영향을 미치고 있다. 행정이 주도하는 영역은 점점 줄어들고 민간분야를 지원하고 관리하는 역할은 커졌다. 현실을 인정하지 못하고 과거의 관행적 행태를 반복하면 정책 효과를 거두기는커녕 거센 반발에 부딪힐 뿐이다. 공직 내부에서도 안정적인 직장을 찾아 공무원이 된 젊은 직원에게, 과거를 들먹이며 사명감으로 일하자는 상사는 여지없이 꼰대가 된다. 최근 동료 직원에게 폭언과 모욕을 한 어떤 5급 사무관은 노조의 강력한 문제 제기로 다시 6급으로 강등당한 사례도 있다.

행정 외부적으로는 국회와 지방의회 관련 업무가 힘들다. 지방의회는 삼권분립의 취지가 무색하게 유일한 국민의 대표기관임을 강조한다. 업무보고, 사무감사, 국가 예산, 당정 협의, 민원 해결 명목으로 행정의 모든 업무에 사전·사후 가리지 않고 개입한다. 지방공무원은 의회의 요구자료 준비와 간담회, 위원회 등의 회의 참석, 각종 민원과 의원 관심 사항에 대한 개별 설명과 보고로 날이 샌다. 정작 주민의 삶의 질을 위한 현장 업무는 뒤로 밀리기 일쑤다.

일부 시민단체나 이익단체는 중요한 도정 현안이나 새 시책에 대해 공공사업의 긍정적인 면은 철저히 외면하고 부정적인 면만을 들추며 반대한다. 언론은 그들의 반대 주장만을 여과 없이 보도하며 때로는 부정적인 사회문제의 근원을 행정이라고 단정 지어 공무원의 사기를 떨어뜨린다. 언론은 정부 감시와 견제뿐만 아니라 올바른 공론 형성의 역할도 해야 하는데 아쉽다.

중앙정부의 간섭 역시 지방정부를 어렵게 한다. 중앙정부는 지방정부를 지방자치단체라고 부른다. 게다가 지방정부의 예산과 조직을 아직도 기획재정부와 행정안전부가 통제한다. 기획재정부는 중앙정부가 국비로 추진해야 할 사업에 지방비 부담을 강요한다. 공모사업이라는 명분으로 재정이 열악한 지방정부에 예산을 떠넘긴다. 지방정부에 사업예산을 부담시키면서도 사업관리는 정부가 일방적으로 한다.

입법부 독주 시대다

의원들은 지방의원과 국회의원을 막론하고 무소불위의 권력을 행사한다. 그들은 예산·조직·감사·조사·출석·개인정보 등 모든 자료를 요구한다. 때로는 자그마한 꼬투리를 잡아 공무원과 행정을 매도한다. 정작 자신들의 권한 남용이나 비리에 대해선 너그럽다. 지방자치가 30년이 넘었고 지방의회가 거의 매달 업무보고와 사무감사를 하는데 아직도 국회가 자치단체를 국정감사하는 이유는 뭘까?

지방의회는 현안이 있든 없든 매달 임시회의와 정기회의를 연다. 너무 잦은 일정이 아니냐는 지적에 의원들은 선출된 권력이 대표성 없는 행정을 상시로 통제해야 한다고 주장한다. 그로 인한 행정력 낭비와 비효율에 대한 언론의 지적에는 묵묵부답이고 오히려 회의장에서는 일방적으로 행정부를 비난한다. 의원들은 선출된 권력만 공적 권한이 있다고 주장하는데, 그렇다면 도지사나 시장은 선출된 권력이 아니라는 말인가. 공정한 시험을 통과해 임명된 공무원의 정당성은 정말 없는 것인가. 집권당의 행정 무시가 때때로 도를 넘지만, 정부 예산 확보를 위해 공무원은 무조건 참아야 한다. 일부 의원의 권한 행사는 점점 과도해져, 심지어 노인회가 의원의 송덕비까지 세웠지만, 그들은 어떤 비난에도 끄떡없다.

사회는 백가쟁명의 시대다

시민단체는 새만금방조제 설치 반대, 내부 매립 반대, 호수 담수화 반대, 태양광 반대, 해상풍력발전 반대 등 온갖 이유로 새만금 사업을 반대한다. 새만금에는 민원이 없고, 규제가 없다는 투자유치 홍보물의 주장이 무색하다. 새만금사업이 30년이 넘었는데 이제야 도로 인프라를 깔고 있다. 지금까지 어떤 국가사업이 이토록 더딘 적이 없었다. 사업비가 20조 원 이상인데, 내부 갈등과 정부의 무관심으로 예산 확보가 어렵고 집행이 지체되고 있다. 새만금 개발의 기반인 매립공사는 여전히 더디다. 정부의 무책임과 시민단체의 반대라는 악조건 상황에서 공무원은 새만금 투자유치를 위해 맨땅에 헤딩하는 식으로 매달리고 있다.

노동단체는 노동문제가 발생하는 사업 현장보다, 넓고 편하며 명분 쌓기 좋은 장소인 도청에서 집회·시위를 자주 한다. 그들은 하나의 사건을 침소봉대하며 일방적 주장을 일삼고 약자 코스프레로 무소불위의 권력을 행사한다. 오죽하면 친노동적 대통령조차 '민주노총은 더 이상 사회적 약자가 아니다'라고 했을까. 그들은 이익을 위해 공적인 약속을 부정하거나 때로는 헌신짝처럼 대한다.

농민단체는 농민이라는 신분과 농사 자체가 벼슬이라고 생각하는 것 같다. 보조금은 그들의 쌈짓돈이고 농민수당은 경제 상황과 무관하게 매년 올려야 한다고 주장한다. 풍년이면 쌀값 하락을 보전하라며 집회를 열고, 흉년이면 농가소득을 보장하라 시위한다. 그들은 해마다 쉬지 않고 도청사나 시청사 앞에 나락이나 곤포(梱包)를 쌓아둔다. 시위가 격렬해지면 그들은 도청 광장에서 나락에 불을 지르기도 한다. 최근에는 무려 2년이 넘게 인도에 곤포로 성곽을 쌓고 방치해

주민들의 보행을 방해하고 악취로 민원까지 일으켰다. 나락이 썩어도 농민들은 걱정하지 않는다. 정부나 농협이 오래 방치한 나락과 쌀을 시장가 이상으로 구매해주기 때문이다.

정부는 국민의 삶의 질을 보장하기 위해 복지시설과 환경시설을 설치하려고 노력한다. 그러나 환경시설과 복지시설 예정 지역에 거주하는 주민들은 그 시설들을 혐오시설이라 규정하고 시설설치를 결사반대한다. 그들에게는 장애인 시설, 축산물 가공 시설, 군부대, 심지어 미래의 인프라 시설인 데이터센터마저 혐오시설이다.

혐오시설의 기준은 없다. 마을 평판이 떨어지거나 집값이 내려가면 혐오시설이다. 개인을 넘어 마을 단위의 부당한 민원도 폭증하고 있다. 산업단지에 공장이 이미 들어서 있는데, 그 후에 지은 신축 아파트에 입주한 주민들은 공장 이전이나 철거를 주장한다. 일단 타당성 여부는 따지지 않고 닥치고 반대한다. 갈등의 시간이 길어지면 길어질수록 교섭력이 높아지고 보상은 넉넉해지니, 민원인은 반대 행동이 빠르면 빠를수록 좋다고 여긴다.

행정의 눈먼 돈을 향한 일부 주민의 일방적이고 비합리적인 행위는 시민의식이 높아지지 않는 한 개선이 불가능하다. 공공서비스는 예산 투입에 대한 성과 확인이 어렵고, 집행으로 평가받는 관행 때문에 예산이 낭비되는 경향이 있다. 공공 갈등이 발생하면 행정은 실질적인 갈등 해결보다 주민 반응과 언론 보도를 지켜보며 눈앞의 문제 수습에 집중한다. 새로운 문제해결책은 자칫 잘못하면 감사와 낙인을 부를 수 있으니 선택하면 안 된다. 문제를 해결한다며, 조직의 이익을 지키지 못하고 예산과 인원이 줄면, 두고두고 무능하거나 이기적인 관리자로 남는다. 특별한 지식이나 노력 없이도 쉽게 관행적으로 해결할 수 있는 대책만 선택한다.

새로운 업무나 민원에 손쉬운 해결책이 있어도 선뜻 손이 나가지 않는다. 미리 확보한 기득권을 지키기 위해 사생결단식 투쟁을 하는 집단과 잘못 엮이면 두고두고 문제가 되기 때문이다. 공무원이 사회단체의 위법 행위를 방조하고 문제를 회피하는 무능력한 행태를 반복하면 사회는 타락하고 국가는 무기력해진다. 공무원은 관행적인 일 처리와 좋은 게 좋다는 식의 안일한 행태를 벗어나야 한다.

헌법이 규정한 공무원의 정치적 중립과 신분보장이 현장에서 제대로 지켜지지 않으니, 공무원의 일처리 방식의 혁신은 구호에 그치고 있다. 정보와 지식의 대중화 덕분에 다양한 전문가가 양산돼 가짜 뉴스와 포퓰리즘(populism)이 극성을 부리면서 행정의 신뢰는 더욱 떨어지고 있다. 공무원에 대한 무능과 무책임이라는 오래된 편견은 점점 더 강화된다. 공무원의 소신 있는 업무처리를 힘들게 하는 제도, 환경, 사람의 문제는 더 심해지고 있다.

| 2장 |

지방자치는
역주행 중이다

...

지방자치는 갈 길이 멀다

지방자치의 목적은 지역주민의 삶의 질 개선이다. 이를 위해 지역 주민은 자발적으로 참여해 지역 문제를 해결해야 한다. 참여 과정을 통해 주민의 민주주의 의식도 성숙하고 지역공동체도 발전한다. 지역주민의 참여는 지방자치의 중요한 의제이자 성공의 전제다. 하지만 아쉽게도 주민 참여는 국회의원이나 단체장을 선출하는 투표에 그치고 있다.

대한민국은 산업화와 민주화 과정을 거쳐 경제성장과 형식적 민주주의를 달성했다. 그러나 성장에 비례한 경제적 양극화는 국민 통합을 어렵게 해 지속적 성장의 걸림돌이 되었다. 경제적 양극화 해소는 미래를 향한 가장 중요한 문제이기 때문에 경제민주화는 미룰 수 없는 시대적 과제가 되었다. 경제민주화의 핵심은 이념 문제가 아니라 좋은 일자리 창출과 복지 실현을 위한 사회 안전망의 구축이다. 국민

누구나 일할 의지만 있으면 일할 수 있는 여건이 마련되어야 한다. 일할 수 없어도 생계에 지장이 없도록 국가의 보호가 필요하다. 아울러 지속적인 성장을 위해 새로운 첨단 산업에 적극적으로 대응하고 경제적 안정에 대비해야 한다. 누가 뭐래도 지방자치는 풀뿌리 민주주의의 실현과 지역균형발전을 위한 필수적인 제도이다.

지방자치는 국토 환경 정비의 일등 공신이다

주민투표로 단체장과 지방의원을 뽑는 지방자치가 부활한 지 30년이 넘었다. 지방자치 실시로 지역의 거주 환경은 좋아졌고 주민의 삶의 질은 높아졌다. 과거 임명직에 비해 투표로 선출된 도지사와 시장·군수는 지역 문제 해결과 지역발전을 행정의 최우선 목표로 삼아 노력하기 때문이다.

지역 특성에 맞는 다양한 축제와 행사도 정기적으로 개최하고, 마실길, 천리길, 둘레길 등을 가꾸어 지역주민과 관광객을 위한 여가와 휴식 공간을 제공한다. 고령화에 대응해 100원 택시 운행 등 복지 사각지대를 해소하고 있다. 장기적인 지역발전을 위해 도로, 항만, 공항을 건설하고 첨단 산업 육성을 위해 혁신적인 산업단지 조성에도 힘쓰고 있다. 지방자치 덕분에 하천과 호수는 나무 데크(deck)로 잘 정비돼 있고, 계곡과 산은 친환경적 시설 정비로 깔끔해졌다.

간혹 부정부패와 불법 선거로 중도에 낙마한 단체장도 있지만, 대개는 논란 많은 정당 공천과 개인의 문제였지 지방 자치 제도의 문제는 아니었다. 지방자치는 대한민국의 산업화와 민주화 과정에서 소외된 지역의 문제 해결과 국가 경쟁력 강화를 위한 희망적인 미래를 보여준다.

지방자치는 중앙정부와 함께 가야 한다

지방자치가 실시되고 긴 세월이 흘렀지만, 현실은 '2할 자치'라는 한계를 넘지 못해 갈 길이 멀다. 자치의 핵심인 자치조직권, 자치입법권, 자치재정권 등이 아직 완전히 보장되지 않아, 독자적인 정책보다는 중앙정부의 집행 대리기관 역할이 많다. 행정안전부의 승인 없이는 도지사가 업무에 필요한 사무관 자리 하나도 늘리기 어렵고, 조례는 상위 법령을 근거로 제정해야 하며, 예산은 정부의 예산편성 지침을 반드시 따라야 한다. 심지어 아직도 지방정부를 지방자치단체로 폄하하고, 신분사회도 아닌데 국가공무원법과 지방공무원법이 따로 있다. 개정 권한을 가진 국회와 중앙정부는 불편함을 전혀 느끼지 않으니 굳이 역지사지할 필요가 없을 것이다.

수도권의 경제 집중은 지역의 돈은 물론 사람까지 흡수한다. 성공한 지역 벤처 기업조차 인력난 해소를 위해 서울 이전을 고려할 정도로 지방은 불모의 땅이 되었다. 그런데도 일부 언론은 여전히 수도권에 대한 규제가 국가경쟁력을 떨어뜨리니 규제를 대폭 완화하라고 주장한다. 역설적으로 자치 시대에 중앙집권이 더 심화하는 퇴행을 겪고 있다.

반쪽짜리 지방자치는 중앙정부의 조직 이기주의와 지방정부의 준비 부족 때문이다. 중앙부처 중 특히 기획재정부와 행정안전부는 관성적인 태도와 조직 이기주의로 지방정부의 능력을 불신하고 권한 이양을 가로막고 있다. 최근 중앙부처는 지역 관련 국가사업을 공모 형식으로 추진하고 있다. 겉으로는 공정한 절차처럼 보이지만, 한 꺼풀 벗겨 보면 지방에 재정을 부담시키고 지속해서 사업에 간여하려는 꼼수임이 드러난다. 원래 국가사업은 전액 국가 예산으로 추진했다. 그런데 공모 형식은 지방정부의 재정 부담이 클수록 높은 점수를 주기 때문에 울며 겨자먹기식으로 국비 사업에 막대한 지방 예산을 부담해야 한다. 틈틈이 중앙부처의 지시와 점검은 덤으로 받아야 한다.

지역 균형발전에 대한 자치단체장과 지방의회의 소극적인 태도도 문제다. 이들은 중앙정부로부터의 자치권 쟁취보다 다음 선거를 위한 전시행정과 지역 이기주의적 민원 해결에 주력한다. 자치단체장은 지역발전과 문제 해결을 위해 여전히 중앙정부의 예산을 확보해야 한다. 아울러 지역의 내생적 발전을 위한 명확한 비전을 제시하고 주민 참여를 이끌어야 한다. 줄탁동시(啐啄同時), 중앙과 지방이 동시에 함께 노력해야 실질적인 지방자치를 꽃피울 수 있다.

하지만 현재의 지방자치는 재정을 중앙정부에 의존하기 때문에 지역 문제를 주도적으로 해결할 수 없는 환경이다. 지방자치를 가로막는 정치·경제적 환경과 제도 못지않게, 단체장과 지방의원의 리스크도 심각한 문제다. 일부 단체장은 승진 대가로 공무원에게 금품을 받고, 불법 정치자금 수수 등의 부정부패로 낙마해 지방자치가 덩달아 매도된다. 결국 주민의 올바른 판단과 심판이 없으면 지역발전은 요원하다.

지방자치의 실질적 집행을 담당하는 공무원의 역할은 적극적으로 변해야 한다. 과거처럼 단순히 집행만을 대리하는 것이 아닌 지역 자원과 역량에 대한 명확한 분석과 주민의 자발적 참여 유도를 위한 정책을 시행해야 한다. 국가예산확보를 위해 중앙정부의 동향 파악과 정부의 계획에 맞는 지역사업을 발굴하고, 효과적인 사업 성과를 위해 지속적인 현장 행정 및 섬세한 주민 네크워크 구축이 필수적이다. 전라북도의 특색에 맞는 정책을 위한 '삼락농정위원회'의 구성과 운영은 대표적인 '민관 거버넌스'의 성공 사례이다. 어려운 조건 속에서도 지방자치는 중앙집권보다 개별적이고 다양한 정책을 선보이고 거버넌스라는 민관 협치 시대를 열었다.

지방의원은 국회의원을
벤치마킹(bench-marking) 한다

지방의회 의원의 나이가 점점 젊어지고 있다

전북도의회도 삼사십 대 의원이 꽤 많이 진출했다. 아직도 나이가 벼슬인 우리 문화를 고려하면 다소 의외지만 고무적인 일이다. 젊은 그들이 일찍 지역 정치를 시작해 연륜과 실력을 쌓은 뒤, 중앙 정치 무대로 진출해 유능한 정치인이 되는 경로는 바람직하다. 그래야 지역에 대한 이해도 높고 지방자치에 대한 지원도 가능하다. 젊음의 미숙함에 대한 우려가 있지만, 기득권 타파와 젊은 층의 관심 유발을 위해 긍정적이다. 한때 대표적인 보수 정당의 대표도 30대 나이에 0선이었다.

어렵게 진출한 젊은 의원은 전문적 지식과 경륜이 부족해도 패기와 신선함으로 고정관념과 관행을 타파해야 하는데 역부족인 경우가 많다. 오히려 존재감이 미미하거나 더 빨리 관행과 기득권에 안주해 세대교체의 필요성을 의심케 하는 사례도 있다. 일부 젊은 의원이 특권의식에 빠져 지역공동체를 위한 문제 해결보다는 자신의 사익이나 지역구의 편협한 이익을 좇는 현실이 안타깝다. 직업으로서의 정치 현실을 부정할 순 없지만, 정치가 단순한 생계 수단으로 전락하면 의정활동이 공익이 아닌 사익 추구 수단이 된다. 지역발전과 지방자치의 성공을 위한 지방의회의 역할을 생각하면 지방의원의 권한과 책임은 막중하다. 부디 그들이 올바른 방향과 자세로 성공적인 지방자치의 주역이 되기를 바란다.

지방의회 의원은 풀뿌리 민주주의의 핵심이다

현실의 지방의회는 돈과 조직의 진입장벽 탓에, 지역에 필요한 전문 인재에게는 그림의 떡이 되기 쉽다. 지방의원은 선거 진입장벽을 넘을 수 있는 전문직 자영업자나 개인사업자, 아니면 해당 지역 출신 정당인으로 대부분 채워진다. 이미 경제적 성공을 이뤘거나 인지도를 높일 필요가 있는 그들에게, 지방의원 명함은 새로운 지위와 권력의 발판이다. 지방의회 선거는 전문성과 도덕성을 겸비한 후보보다, 지역에서 정당활동과 사회활동을 해온 마당발에게 유리하다.

선거철마다 언론과 시민단체가 지적한 대로, 정당의 지방의원 공천권을 국회의원이 가진 탓에, 지방의원은 국회의원의 이해관계와 선거운동을 외면하지 못한다. 심지어 대통령 선거의 기여도에 따라 공천을 주겠다는 정당도 있다. 정당은 지방선거 후보자를 권리당원과 주민여론으로 공천한다고 항변하지만, 현실은 조직력과 문자폭탄에 의

존한다.

특정 정당의 공천이 당선으로 이어지는 특정 지역에서는 유권자보다는 당원 확보를, 정책 제시보다는 지역 정서를 앞세워 당선된다. 선거가 역마차가 되지 않으려면 선거 후에도 유권자의 관심과 감시가 필요하다. 그렇지 않으면 유권자의 이익보다는 자신들의 특권과 이익을 위해 공무원 위에 군림하는 행태를 보이기 때문이다. 공약은 말뿐인 약속이고, 자신과 이해관계가 있는 민원만 챙기면서 애먼 지역발전과 주민만을 팔 뿐이다.

지방자치는 선출직 공무원과 직업공무원의 노력에 더해 지역주민의 관심과 참여가 성공의 조건이다. 지방의회의 도덕성과 전문성은 지금의 정당구조나 공천방식으로는 나아지기 어렵다. 젊고 유능한 의원들도 눈에 띄지만, 그들 또한 지방의회를 더 높은 다른 자리를 위한 경유지로 여기는 듯싶다. 지방의원이 기회를 맞아 단체장이나 국회의원으로 나아가는 건 문제가 아니나, 지방의회를 단지 다음 단계의 도전 수단으로만 생각하면 문제가 된다.

특권의식은 예산 낭비를 부른다

의원 중에는 비회기 중에도 의회 사무실에 출근해 의정 활동과 무관한 사소한 불만을 제기하는 사례가 무척 많다.

사무실 등이 너무 밝아 눈이 부시니 교체해라.

사무실이 건조해 눈이 뻑뻑하니 인공눈물을 비치해라.

위원회 회의실 의자가 불편하니 모두 바꿔라.

지하 주차장에 의원 전용 주차장을 만들어라.

모든 회의 실황을 인터넷으로 생중계해라.

의정 활동의 피로를 항상 풀 수 있게 각방에 안마의자를 제공해라.

체력 단련을 위한 탁구대, 당구대 등의 시설을 설치해라.

운동 후 샤워를 해야 하니 사우나복을 준비해라.

노트북 사양이 낮아 불편하니 검색을 위한 새로운 노트북을 제공하라.

먼 거리 있는 지역구 의원을 위해 숙소를 제공하라.

기초단체의 행사에도 관련 지역구 도의원 좌석과 인사말을 반드시 마련하라.

　　대부분의 요구가 예산을 수반하는 것이라 비공식적인 추진이 어려운데 일부 의원은 예산 대책도 없이 수시로 요구한다. 몇몇 의원은 의정 활동 지원을 위해 의회 사무처에서 근무하는 공무원에게 의정 활동과 무관한 개인적인 일을 시키기도 한다. 신문사 기고문과 의정 질문서 대리 작성은 물론, 심지어 의원이 다니는 대학교 리포트나 보고서를 대신 써준 사례도 있다. 어떤 상임위원장은 의회 직원이 차를 바꾸자 의원을 잘 모시기 위해 차를 새로 바꿨냐고 묻는다. 그냥 어이가 없다. 비회기 중에도 거의 매일 출근해 개인적인 심부름을 시키고, 의회 공동경비나 위원회 경비로 점심 식사까지 해결하는 의원도 있다.

사전 간담회를 미리 설명하라?

의회 위원회를 열기 전, 중요 안건이나 예산 설명을 위해 집행부와 사전 간담회를 여는데 왜 간담회 내용을 사전에 개별적으로 설명하지 않느냐고 따지는 의원이 있다. 간담회 자리가 미리 설명하는 자리라고 말해도 막무가내로 역정을 낸다. 의원들은 바빠서 보고서 읽을 시간도 없는데, 설명을 제때 안 해주면 어떻게 의정 활동을 하겠냐는 것이다. 의정 활동 지원을 위해 사전 간담회를 한다고 설명해도, 막무가내로 우기니 도대체 무슨 말을 하는지 알 수가 없다. 설명을 위해 업무담당자가 찾아가면 격을 따지며 듣지도 않고 돌려보내는 의원도 있다.

의원들은 때로는 위법도 불사한다. 도의회 청사는 금연 건물이다. 그러나 몇몇 흡연 의원은 사무실에서 담배를 피운다. 흡연실이 따로 있는데 귀찮아서인지 아니면 특권의식을 과시하고 싶어서인지 알 수 없지만, 항상 실내에서 담배를 피운다. 담배 냄새가 사무실은 물론 복도에까지 스며들어도 아랑곳하지 않는다. 최근에는 사무실에서 담배 연기가 빠져나갈 수 있도록 방마다 환풍기를 설치해주라고 요구하다 언론에 뭇매를 맞기도 했다.

지역 특성에 맞는 조례 제정이 필요하다

조례 제정은 지방의회의 중요한 권한이자 의무다. 그러나 어떤 의원은 지역에 필요한 조례를 제안하는 것이 아니라 정당 공천에 필요한 실적을 늘리기 위해 조례를 제안한다. 조례 내용도 다른 자치단체의 조례를 베껴 부실하고 예산이나 인력은 고려하지 않은 채 일방적으로 개인이나 단체를 지원하라는 내용이 많다. 때로는 자기 이해와 관련된 사업 실행을 위해 공식회의에서 당당하게 부당한 질문과 주장을 한다. 누리과정 관련 어린이집에 대한 직접 지원, 사회복지 시설의 중복적인 기능보강사업 지원, 건축물 소방 관리 시설 점검 면제, 축산 농가 담요 지원 등의 초법적인 요구도 한다. 가끔은 지역구에 있는 특정 단체 지원을 위해 조례를 제정하거나 보조금을 요구한다. 물론 단체들의 집요한 로비와 협조 요청 때문에 어쩔 수 없이 할 수도 있다. 그러나 의원은 공익을 위한 국민의 대리인임을 명심해야 한다.

의원들의 해외연수와 출장에는 구설수가 따른다

지방의원은 의정 활동에 도움이 될 만한 선진 사례와 제도를 벤치마킹하기 위해 매년 해외연수 예산을 스스로 책정한다. 때때로 자매결연한 국가나 도시와의 교류를 위해 해외 출장도 간다. 의도는 좋지만, 의원의 해외연수는 관광성, 외유성, 예산 낭비, 현지 추태 등으로 항상 언론의 표적이 된다. 그런데도 의원들의 해외연수는 꿋꿋이 이어진다. 언론이 부당한 해외 출장의 문제점을 지적해도 묵묵부답이다.

오히려 한술 더 떠 해외 출장의 추가 경비를 의회 사무처 다른 예산으로 채워달라고 요구하는 의원도 있다. 예산 규정 때문에 안 된다고 하면 그런 거 하나 해결 못 하면서 의회 사무처는 왜 있냐고 핀잔을 준다. 외국 현지에서 밤늦게 소주를 준비하고 라면을 끓이라는 의원도 있었다. 과음으로 다음 날 공식행사에 빠지는 의원도 보인다. 언론 보도자료를 위해 과도한 사진 촬영을 요구하기도 한다. 국내에서 하는 행태를 방문한 외국기관에서도 반복하니 수행하는 공무원은 난감하지만 속수무책이다.

몇 해 전, 의장단 10명과 직원 5명이 중국 강소성 인민대표대회 미팅을 위해 새벽에 남경으로 출발했다. 원래 시급한 일이 아니지만, 6월 의장단 임기가 끝나면 갈 수 없으므로 7월 이전에 서둘러 일정을 잡았다. 하반기 의장단이 함께 써야 할 예산을 상반기에 물러나는 의장단이 다 써버리는 것이다. 가능하면 해외 출장 기회는 최대한 누려야 하니 상식이나 양심을 논할 사항이 아니다.

중국 인민대표회의는 우리나라의 국회와 비슷한 기관이다. 그들의 의전과 대우는 상상 이상으로 거창해 의원들은 기회가 나면 반드시 가려고 한다. 중국에 가서 실질적으로 할 일은 거의 없다. 인민대표회의 방문과 관계자 환담, 지역 유적지와 관광지 방문, 진수성찬의 저녁 만찬, 숙소에서 고스톱이 전부다. 때로는 공무원에게 함께 고스톱을 치자고 배려하는 의원도 있다.

...

지방의회는 해외연수로 요란하다

도의원은 도의 각종 위원회에 당연직 위원으로 위촉된다. 위원회 참석은 공무 수행이므로 공무원과 도의원에게는 참석 수당을 지급하지 않는다. 이런 까닭에 자신의 관심사나 지역구 내용이 없으면 의원은 불참하는 경우가 많다. 특히 시간이 오래 걸리는 위원회는 꺼리는 편이다.

그런데 평소에는 위원회에 거의 참석하지 않는 A의원이 기업 지원회의에 참석했다. 특정 기업 지원을 위해 예외적으로 참석한 것이다. 그는 먼저 높은 점수를 얻은 특정 기업의 자격 요건을 문제 삼았다. 그리고 쉬는 시간에 의혹 있는 기업을 선정하면 안 된다고 위원장을 압박했다. 의원이 특정 기업 선정을 위해 노골적으로 개입하는 경우는 드물다. 게다가 그 당시 그는 뇌물수수 혐의로 1심에서 의원직 상실형을 선고받고 항소 재판 중이었다. 그는 B위원회 위원장 시절에 해외연수를 가면서 주관 관광회사에서 뇌물을 받았다는 혐의를 받고 있었다. 그런데도 그는 자숙하지 않고 의원직 상실 막판까지 역할을 포기하지 않았다.

지방의원의 해외연수는 늘 구설수가 있다

해외연수 문제는 관광 외유성 논란과 출장지에서의 갑질 행태가 단골 메뉴다. 최근에는 일부 의원이 위원장의 연수비용 부풀리기와 여행사에서 비용 일부를 돌려받는 리베이트 문제까지 제기했다. 위원회 업무와 관련된 집행부서와 도 출연기관의 금품제공 의혹도 함께 거론했다. 하지만 거래가 은밀하게 이루어지기 때문에 자백 아니면 증거 확보가 어렵다. 그런데 이번 금품수수 사건은 당사자인 위원장이 금품거래가 있었음을 인정했기에 파장이 커졌다. 그가 무슨 생각으로 방송기자의 취재에서 금품수수 사실을 인정했는지 모르지만 의외였다.

사건은 연수 준비 중에 불거졌다. 해외에 가기 전부터 위원회의 일부 의원이 연수비용의 과다 청구 문제를 주변에 제기하고 불만을 토로했다. 해외연수 경험이 있는 의원들은 도청 관련 부서와 출연기관의 찬조금과 격려금 내역을 확인하고 어디에 사용했는지를 따졌다. 의원들은 위원회 몫을 독식한 위원장에 대해 불만이 많았다. 불만을 잠재우기 위해 위원장은 비용 일부를 깎아 주며 무마하려 했지만, 이미 때가 늦어 언론에 누설됐다.

노컷뉴스는 돈을 받았다는 의원의 진술을 들이밀어 위원장의 금품수수 자백을 받아냈다. KBS는 비용대납이 관행이고 만약 위법하면 책임진다는 위원장의 진술을 녹취해 보도했다. 다소 간의 시차를 두고 지역신문들도 이 문제를 스캔들로 보도하기 시작했다. 선관위의 조사가 불가피해졌다. 해당 위원회와 의장단은 대책 회의로 부산을 떨었지만 이미 자체 해결은 불가능한 일이 되었다. 해당 위원장은 선관위의 선처로 검찰에 고발하지 않기만을 바랄 뿐이다.

오랫동안 언론은 여러 번 해외연수의 문제점을 지적했지만, 의원들은 개의치 않고 점점 더 당당해졌다. 해외연수 자체는 문제가 될 수 없기 때문이다. 해외연수에 대한 언론의 의례적인 비난쯤은 무시하고 갈 만큼 내성도 생겼다. 그저 한 번 지적하고 흐지부지해지는 언론의 속성을 간파했기 때문이다. 오히려 의원들은 더 나은 의정 활동 명목으로 집행부의 관련 부서장이나 직원까지 해외연수 동행을 제안하기도 한다.

지역의 현안 해결과 발전을 위한 정보와 경험을 배우는 연수라면 굳이 반대할 이유가 없다. 가는 길에 일부 관광 일정을 포함하는 것 역시 용인될 수 있다. 문제는 연수 의도가 시작부터 사실상 외국 관광인 극히 일부의 일탈이다. 주민의 세금으로 지원하는 해외연수의 장소 선정 기준이 가보지 않은 곳, 유명한 관광지라는 것을 어느 누가 받아들이겠는가.

청년 비례대표가 갑질과 뇌물수수로 몰락했다

전북도의회 사무처 직원 B는 국가인권위원회에 진정서를 냈다. 그는 한 의원으로부터 10개월 동안 괴롭힘을 당했다. 그를 괴롭힌 도의원은 해외연수 중 새벽 1시에 그 직원에게 컵라면을 끓여달라고 했지만 거절당했다. 그는 다음 날 아침 식사 시간에 직원을 인솔해간 팀장에게 협박성 발언을 했다.

"귀국해서도 그럴지 한번 두고 봅시다."

팀장은 몹시 불쾌했지만 참고 일정을 원만하게 소화했다. A의원은 귀국길 비행기에서 그 직원이 앉은 앞좌석을 발로 차고 모욕적 발언도 했다. 귀국해서는 그 직원의 급여명세서를 동의 없이 공개했다. 그 직원은 귀국 후 정신과 치료 3주 진단을 받고 치료받아야 했다. 문제가 커지자 갑질 의원의 소속당에서는 당원 자격정지 1년을 결정했고 도의회는 1개월 출석정지 징계를 내렸다.

A의원은 징계가 확정된 후, "좋지 못한 일로 물의를 일으켜 도민 여러분께 심려를 끼쳐드린 점을 진심으로 사과드린다. 저의 사려 깊지 못하고 경솔한 언행으로 수행 직원에게 상처를 준 점 인정하고 반성한다. 청년비례대표로서 그 누구보다도 참신해야 했던 저이지만 그렇지 못한 점을 반성한다. 경험이 부족한 저로 인해 열정적인 의정 활동을 펼치고 있는 선배 동료의원들과 의회 이미지를 훼손한 점에 대해 죄송한 말씀을 드린다. 앞으로 징계받는 동안 자숙하고 반성하면서 낮은 자세로 임하겠다."라며 본회의장에서 사과했다.

그러나 피해를 본 직원에게는 아무런 사과도 하지 않았다. 지방의회 의원의 갑질은 새삼스럽지 않다. 지방의회를 취재하는 한 기자는 봉건주의 시대에나 가능했을 낯 뜨거운 행태를 곧잘 목격하는 일이 영 불편하다고 한다. 하지만 현실은 좀처럼 나아지지 않는다.

부정적인 해외연수 실상에도 불구하고 A의원의 갑질 행태는 뜻밖이었다. 그의 말마따나 그는 지역 다수당의 청년비례대표였다. 비례대표는 사회 각 분야에서 전문성을 지녔지만, 선거로 선출되기 어려운 인재를 의회로 진출시키기 위한 바람직한 제도다. 그중에서도 청년비례대표는 기성 질서에 물들지 않고 미래의 주인공인 청년의 참신하고 새로운 입장을 대리하라는 자리다. 하지만 그의 행태는 비판받아야 할 정치풍토를 답습하는 것을 넘어 한술 더 떴다.

그 의원은 청년비례대표 심사과정에서의 검증을 생략한 채, 어느 정당 몫의 전략공천이었기에 자질검증은커녕 음주 운전 전과기록(벌금 200만 원)까지 무시한 계파 간 나눠 먹기의 전형이었다고 모 언론사가 비판했다. 이 갑질 사건이 발생한 지 채 2년이 되기 전에 그 의원은 뇌물수수 혐의로 징역 10개월에 집행유예 2년, 벌금 이천만 원, 추징금 천만 원을 선고받고 도의원 자리에서 물러났다. 이날 그 의원을 포함한 전·현직 전북도의원 4명이 재량사업비 관련 뇌물수수 혐의로 집행유예와 실형을 선고받았다.

지방의원의 갑질은 해외연수 현장에서도 멈추지 않고 오히려 한층

도드라진다. 의회 직원이 종도 아닌데 수발을 들어야 한다는 표현까지 나온다. 연수를 떠나기 전부터 소주, 김, 김치, 참치캔, 깻잎, 컵라면, 간식 등의 먹거리를 챙기는 게 직원들의 주요 임무 중 하나다. 이동할 때는 공무원이 의원들의 짐을 들어주는 모습도 흔하게 목격된다. 누구나 평등해야 하는 식사 시간조차 의전을 하느라 동행 공무원의 식사가 뒷전에 밀리는 것을 보면 씁쓸하다. 의회의 해외연수에 동행한 사무처 직원은 즐겁고 보람 있는 나들이가 아니라 고역이다. 의원을 잘 모시는 것이 사무처 직원의 가장 중요한 일이라고 강조하는 의원도 있다. 의회 사무처장은 매일 아침 의원실을 순회하며 의원님들의 불편함이 있는지 살펴야 한다고 말하는 위원장도 있다. 물론 모든 지방의원이 다 그런 것은 아니다. 훌륭한 인품과 올바른 의정 활동으로 본분을 다하는 의원도 많다. 그러나 지방의원의 특권의식과 동료애에는 별로 차이가 없다.

청탁 전화도 당당하다

"바쁘지 않으면 내 방에서 잠깐 볼 수 있어요?"

"제가 회의 중이라 어려우니 그냥 전화로 말씀해 주시죠."

"만나서 이야기하면 좋을 텐데 바쁘다니 그냥 말할게요. 도에서 공모 중인 문화관을 A시에 줬으면 하는데 어때요?"

"이미 공모 중이고 다른 지역에서도 관심이 많아, 임의로 정할 수 없습니다."

"그래도 국장님 의사가 중요하잖아요."

"고향이니 신경 좀 써주세요, 부탁합니다."

참으로 어처구니없는 요구였다.

지방의회 의원 중 상당수가 자영업자 출신이다. 그들은 지속적인 개인 사업 유지와 사회적 기여를 위해 지역 청년단체나 봉사단체, 종교단체에서 의욕적으로 활동한다. 때로는 정당에 가입해 국회의원 선거나 단체장 선거에 열성적으로 활동하고 재정지원도 마다하지 않는다. 성실한 공로를 인정받아 지방의원 후보로 공천이나 내부 추천을 받아 의회로 진출한다.

일단 의원이 되면 그들의 태도는 선거 때나 사업할 때와는 백팔십도 바뀌어 공무원 위에 군림하려 한다. 회의장에서 그들은 자신을 본 의원이라 칭하고 동료의원을 부를 때는 반드시 존경하는 아무개 의원이라는 민망한 수식어를 붙인다. 마치 연극 대사를 읊조리는 듯한 언어 사용은 어색하기 짝이 없지만, 그들은 시치미를 뚝 떼고 그들만의 언어를 반복한다. 회의 중에는 아주 사소한 건으로도 공무원 간부를 몰아세우지만, 자신의 민원 처리를 위해서는 집행부 간부를 무시로 호출하거나 전화해 당당하게 부탁하거나 선처를 요구한다. 공무원 간부들은 나중에 감사나 예산의 원만한 처리를 위해 무리한 일이 아니라면, 가급적 요구를 들어주려고 애쓴다. 일종의 공생관계이다.

위원장의 동료애가 눈물겹다

의회 A위원회에서 전북도 공유재산관리계획 심의를 받았다. 지방의회는 양원제가 아닌데도 상원 행세를 하려 드는 A위원회 출석은 되도록 피하고 싶지만, 바람과는 반대로 너무 자주 열린다. 정작 회의가 열리면 예산, 조직, 재산 취득 등에 관해 원칙대로 소신껏 대답할 수 있지만, 의원들의 추궁하는 태도와 과도한 확신 때문에 힘들다.

지방의회에는 직업적 전문성을 가진 의원도 있지만, 대부분 행정의 견제·감시 역할과는 무관한 경력자로 채워져 있다. 행정 관리 경험이 없다고 의원 역할을 못 할 것이라고 예단할 수는 없다. 하지만 의원의 부정확한 정보와 부족한 사전 지식, 불성실한 회의 참석과 상호 견제 부족으로 공무원은 괴롭다. 업무를 모르면 모를수록 공무원을 더 몰아세우기도 한다. 그들에게 휘둘리며 굽신거리는 일부 공무원이 그들의 안하무인 격 태도를 강화하는 측면도 부정하지 못한다. 문제가 심각해도 오래된 관행을 바꿀 수 없고 바꾸기도 어렵다. 그들은 공동의 적 앞에선 똘똘 뭉쳐 저항하고 권력을 행사하는 힘이 있기 때문이다. 문제를 해결할 지위와 힘이 있는 단체장은 '소신 있게 일하되 잡음은 피하라'는 모순적 주문만 반복한다. 직접 현장에서 문제에 부딪힐 일이 없는 사람이 어떻게 속을 들여다볼 수 있겠는가.

A위원장은 회의를 진행하면서 마음이 무겁다고 심각하게 말한다. 회의 중 의원 간의 이견으로 다툼이 일자, 공무원이 준비를 덜 해서 의원들 간에 불화가 생겼다고 공무원을 나무란다. 그리고 공무원은 어떤 경우에도 의원들의 비위를 맞춰야 한다고 주문한다. 공무원이 무슨 잘못을 하고 무슨 준비가 필요한지 구체적인 내용은 없다. 의원 각자의 생각과 의견을 미리 파악해서 중재하고 조정하란 주문이라면 어

처구니없는 주장이다.

　활발한 의견 개진과 토론으로 합의를 끌어내고, 합의가 어려우면 절차에 따라 진행하면 되는데 회의를 오로지 원만하게 끌고 가려고만 한다. 상황에 따라 다르지만, 민주적이어야 할 주민 대표의 태도는 아니다. 밑도 끝도 없이 공무원에게 책임을 전가하는 그의 생각이 궁금하다.

지방의원의 재량사업비는 성역이다

재량사업비는 자치단체에서 지방의원 몫으로 일정 금액의 예산을 의원들이 용도에 제한 없이 재량껏 사용할 수 있게 편성한 선심성 예산이다. 아무런 법적 근거 없이 편성하는 재량사업비는 주민숙원사업 해결이라는 순기능이 있다고 항변하지만, 실상은 의원들의 생색내기용 지역행사 지원이나 민간 사업자의 리베이트 창구로 전락하고 있다는 지적을 받았다.

전라북도는 이미 감사원으로부터 재량사업비 예산을 폐지하라는 지적을 받고 2012년부터 명목상으로는 폐지했다. 하지만 그 후에도 매년 의원당 약 5억 원 정도의 편법적인 재량사업비 관행을 지속하다 다시 문제가 됐다. 재량사업비를 자신들의 지역구 소규모 현안 사업에 사용하거나 관내 단체의 체육행사나 단합대회 지원에 활용한 의원은 그나마 양심적이다. 몇몇 의원들은 유령 회사를 만들어 재량사업비를 쓰거나 관련된 회사에 일감을 몰아주고 리베이트를 받은 것으로 알려졌다.

어떤 지역구 의원은 같은 당 비례대표 의원 몫을 가져다 사용하고 사례비를 제공하는 파렴치함까지 보였다. 또 다른 어떤 의원은 재량사업비로 지역구 내 경로당에 4년 동안 안마의자만을 제공해 리베이트 관련 수사를 받았다는 소문이 회자 됐다.

조례를 제정하고 자치단체의 예산을 결정하는 지방의회가 법과 예산의 원칙을 훼손하는 데 앞장선 꼴이다. 특히 예산을 심의·의결해야 하는 지방의회가 예산의 기본원칙인 공개성, 명확성을 지키지 않았다. 시민단체가 투명한 지방자치를 위해 재량사업비 폐지를 지속해서 요구해 지금은 사라졌지만 지켜볼 일이다. 언론과 시민단체는 주민숙원사업비를 주시하고 있다.

최근엔 재량사업비에 이어 지방의회의 업무추진비가 도마 위에 올랐다. 투명사회를 위한 정보공개센터와 한겨레신문은 서울시 25개 구의회 업무추진비를 정보공개 청구하고 분석해서 보도했다. 그리고 단체장 업무추진비와 달리 지방의회의 업무추진비 사용 내역은 감시의 사각지대에 있다고 결론을 냈다. 보도에 따르면, 지방의회의 업무추진비는 매달 의장 330만 원, 부의장 160만 원, 상임위원장 110만 원인데, 쌈짓돈처럼 사용된 내역이 많다.

대표적인 부당 사례는, 한 약국에서 73차례에 걸쳐 540만 원어치 개인의 혈압약을 구매하고, 아내가 일하는 가게에서 698만 원어치 특산품을 사고, 전 의장이 운영하는 식당에서 920만 원을 업무추진비로 쓴 것이다.

의장이 해외 출장 중인데도 국내 식당에서 원격 결제, 대리 결제가 이루어진 황당한 사례도 있다. 기타 전국의 특산품 구매와 단합대회 명목으로 신발과 옷을 산 부적절한 사례도 다수 적발됐다. 정보공개센터는 사용 명세서를 정리해 감사원에 감사를 청구할 예정이라고 밝혔다. 기초의회 업무추진비 관련 청원은 청와대 게시판에도 올라왔다.

지방의회 의장 등의 업무추진비는 의장단의 직무수행과 지방의회의 의정 활동을 지원하는 비용이다. 집행 대상 직무 활동 범위도 구체적으로 지방회계법 시행령에 규정해 놓았다. 법 규정 어디에도 개인 활동을 위해 업무추진비를 쓸 수 없게 돼 있다. 지방의회의 도덕적 해이는 지방의회가 자치단체 예산의 심의·의결권을 갖고 있어 위험하다. 집행부의 예산 낭비를 지적하면서 정작 자신들의 부당한 업무추진비 지출을 방관하는 태도는 유권자들이 아니면 고칠 수 없다. 지방의원 선출 투표를 소홀히 하면 지역 곳간은 샐 수밖에 없다.

정치인의 출판기념회는
공무원을 난처하게 만든다

선거는 투표를 통해 공직자나 대표를 뽑는 절차이다. 투표는 국민의 의견을 대신해 법을 만들고 정책도 수립하는 정치인을 선출하는 중요한 이벤트다. 하지만 투표율은 기대만큼 높지 않다. 권위주의 국가와 달리 다른 선진 민주주의 국가에서도 선거 투표율이 그다지 높지 않은 걸 보면 우리나라의 투표율이 정상적인 한계치인 것 같다. 흔히들 우리나라 사람은 정치에 관심은 많지만, 정치를 싫어하는 경향이 있어 투표를 안 한다고 한다. 누구를 뽑은들 그 사람이 그 사람이라며 자조적이고 냉소적이다.

그래도 정치에 관심이 있는 사람 대다수는 투표한다. 진짜 문제는 지역이나 진영에 갇혀 실질적 자유 투표를 하지 못한다는 것이다. 특정 정당의 후보에게 오랫동안 기계적으로 투표해온 관성을 극복하기 어렵다. 철인(哲人)정치를 주장한 플라톤이 '투표를 하지 않으면 자신보다 못한 사람에게 지배받는다'라고 선거의 중요성을 강조해도 소용 없다. 도덕적이지 못하고 능력이 부족한 대표자를 연고나 감정에 의해 뽑게 되면 지역과 나라가 엉망이 된다. 현실에서 도덕주의자나 철학자가 선거에 출마해 당선되기는 쉽지 않다. 능력과 도덕성을 따지기도 전에, 선거 출마는 비용이 무척 많이 들기 때문이다. 인지도를 높이려 후보자를 홍보해야 하고, 유권자와의 접촉을 위해 조직을 관리해야 하며, 선거자금 관리와 정책 개발을 위해 다양한 전문가도 함께해야 한다.

자유민주주의 사회에서 선거는 매우 중요한 권리이자 의무이다. 중요한 권리인 만큼 정부는 부자가 아닌 사람도 선거에 출마할 수 있도록 선거공영제를 시행하고 있다. 선거공영제는 선거관리위원회가 선거운동을 관리하고, 의미 있는 득표를 한 후보에게 선거 비용 일부나 전부를 국가에서 지원하는 제도다. 이 제도로 자금력이 부족한 후보자에게도 선거 참여의 기회를 보장하고 선거비의 낭비도 막을 수 있다.

그러나 보전 액수는 전체 선거 비용에 비하면 턱없이 부족하다. 최근에는 여러 정당이 예비 경선을 치르는 바람에 비용이 몇 배가 든다는 불만도 있다. 재력이 없는 후보는 선거 비용 마련을 위해 차용증을 써가며 돈을 빌리기도 한다. 당선 후 편의 제공을 약속하며 후원금 명목으로 거액을 지역 사업자에게 제공받기도 한다. 최근 A시장 경선 때 지역언론 기자와 업자가 후보자를 매수하려는 시도가 폭로되어 파문이 일었다.

선거직의 특권을 줄이지 않으면 선거 불법 사례는 근절되기 어렵다

선거 후 이자와 원금을 환급해준다는 펀드를 발행하기도 하고, 출판 기념회를 열어 비싼 값으로 책을 팔기도 한다. 선거 비용을 불법적으로 조달한 후보는 당선 후에도 그 불법성이 드러나면 그 직을 상실하는 처벌을 받는다. 그런데도 계속 선거법 위반으로 낙마하는 의원과 단체장이 나오는 걸 보면 처벌만으로는 근절하기 어려워 보인다. 불법행위로 인한 위험보다 당선의 이익이 훨씬 크기 때문일 것이다. 선거직의 특권을 줄이지 않으면 선거 불법 사례는 근절되기 어렵다. 정당마다 보궐 선거 원인을 제공하면 후보 공천을 하지 않겠다고 공언하지만 잘 지켜지지 않는다. 법이나 제도적으로 명확히 규정하지 않고 선의에 맡겨서는 해결이 요원하다.

선거 비용 문제를 어느 정도 해결할 수 있는 행사가 출판기념회이다. 선거출마자 상당수는 선거가 임박해서 출판기념회를 개최한다. 정치 신인들은 인지도를 높이고 기성정치인은 세 과시를 위한 목적도 있으나, 실제로는 선거자금 마련이 주목적인 경우가 많다. 이 행사에서 마련한 책 판매대금이나 모금은 전혀 공개하지 않고 전적으로 후보자가 관리하면서 쌈짓돈처럼 쓸 수 있어 매우 유용하다. 공천에서 낙선한 A시장은 공천 전에 출판기념회를 열어 책값 봉투를 몇 자루나 챙겼다는 후문이 있다.

문제는 현직인 단체장이나 국회의원·지방의원이 선거 전에 초청하는 출판기념회 행사다. 공무원이나 관련 기관 또는 관내 기업들은 출판기념회 초청장을 받고 나면 고민하고 갈등한다. 참석해야 하나? 책 값은 얼마를 내야 하나? 이름을 밝혀야 하나? 다양한 고민을 하지만 결국 대부분 책의 정가보다 훨씬 비싼 액수가 들어 있는 흰 봉투를 내밀 수밖에 없다. 직접 참석하느냐 아니면 간접적으로 전달하느냐의 차이뿐이다.

　정치인의 출판기념회 행사는 과거에는 국회의원이나 단체장 등 거물 인사들만 열었는데, 지금은 지방의원까지 북 콘서트 등의 이름으로 개최하고 있다. 심지어 코로나로 집합금지 명령이 내려지자 온라인으로 출판기념회를 연 지방의원도 있다.

　책을 출판하는 것을 나쁘게만 볼 이유는 없다. 자신의 철학과 비전을 제시하고 선택받아야 할 정치인은 오히려 장려할 필요도 있다. 하지만 출판기념회가 정치자금법이나 청탁금지법의 사각지대에서 음성적인 정치자금의 모금 창구로 전락하고 있는 것이 문제다. 책 출판 목적이 선거용 이벤트에 그치다 보니 책의 내용은 더욱더 가관이다.

　어떤 기초의원은 추천사, 인사말을 빼고는 그 지역 자치단체의 홍보 책자를 그대로 편집·출판해 표절 시비에 휘말렸다. 한 광역의원은 신문기고문을 모아 그대로 책을 냈다. 그런데 그 기고문이라는 것도 대부분 사무처 직원이나 전문위원이 쓴 것이라 표절을 넘어 절도에 해당한다. 하지만 뻔뻔하게 표지에 큼지막하게 자기 얼굴 사진을 게재했다. 책의 저자 이름이나 책에 수록된 사진, 그리고 책의 내용까지 모두 발간한 정치인의 것이지만 실제는 얼굴 없는 대필작가의 소설에 불과할 때도 많다.

"이런 책을 왜 출판해요? 오히려 이미지 깎이지 않을까요?"

"이렇게 급조된 책을 내면 독자에게 오히려 역효과가 나지 않을까요?"

"알아, 그래 누가 이런 책을 읽겠어, 책의 내용이 중요한 것이 아니라 책을 냈다는 사실이 중요하거든. 아직도 시민들은 특별한 사람만이 책을 낼 수 있다고 생각하고 있으니까. 책의 출판은 다목적이야."

이 출마자는 무난하게 단체장으로 선출되었고 무려 3선까지 그 직을 수행했다. 자기가 쓰지도 않고 자신의 이야기도 아닌 책으로 인지도와 신뢰도를 높이고 합법적인 정치자금도 마련할 수 있는데, 출간을 마다하는 후보가 이상해 보일지도 모른다. 선거철마다 출판기념회에 대한 문제 제기가 있었지만, 전혀 개선되지 않고 오히려 행태가 다양해지고 있다.

입법권을 독점하고 있는 국회의원이 가장 큰 수혜자인데, 감히 누가 고양이 목에 방울을 달겠는가? 누가 자기 밥그릇을 차버리겠는가? 책을 정가로만 판매하거나, 아니면 개인이 구매 가능한 책 권수를 정해 정확한 판매 명세를 공개하여 의심을 걷어낼 수도 있는데, 후보들은 굳이 그런 무리수를 두지 않는다.

지방자치는 풀뿌리 민주주의 실현을 위한 기본적인 제도이다. 주민의 참여와 감시를 통해 지역의 정치와 행정의 적합성과 반응성을 높여야 한다. 이를 위해 단체장의 비전 제시 능력과 실행력, 의회의 견제와 감시가 필요하고 주민의 준법정신과 질서 의식이 중요하다. 하지만 현실은 공무원의 갑질이 사라지자 민과 관의 효율적 관계가 형성되는 것이 아니라, 공동체 질서를 어지럽히는 악성 민원과 일부 지방의원의 갑질로 대체되고 있다.

지방의회는 주민을 대표해 의견을 수렴하고 갈등을 조정해야 하므로 투입과 산출의 경제 원리를 적용해 기능과 역할을 판단해선 안 된다. 다만 예산을 낭비하거나 오히려 갈등을 증폭시켜 사익을 추구하는 권력의 부당한 행사는 감시하고 차단해야 한다. 행정부는 법치행정에 따라 예산을 집행하므로 투입과 산출이 일치하지만, 전례 답습과 무사안일을 경계해야 한다. 예산 낭비는 막아야 하지만 공공사업을 효율성의 잣대로 평가해서도 안 된다.

3장

지방에도
사람이 살고 있다

지역 축제는 계속되어야 한다

코로나로 인해 중단되었던 지역 축제가 다시 열려 반갑다. 지방자치가 부활한 후, 자치단체마다 지역 특색에 맞는 다양한 축제를 열었다. 지역 축제에 지역주민과 관광객이 몰려 지역 홍보는 물론 지역경제 활성화에 도움이 됐다. 지역 축제가 늘어남에 따라 자치단체는 관광객 유치와 성공적인 축제를 위해 경쟁적으로 광고와 홍보를 해야 한다. 대부분의 축제가 나들이하기 좋은 봄이나 가을에 경쟁적으로 열려 관광객 유치가 쉽지 않기 때문이다.

지역 축제를 바라보는 시선이 긍정적이지만은 않다. 일부 언론은 가끔 축제의 부정적인 면만을 부각해 흠집을 내기도 한다. 지역 축제의 대표적인 비판은 알맹이가 없고 정체성도 모호해 예산만 낭비한다는 것이다. 게다가 축제 진행은 졸속이고 주민 참여가 저조한 전시행정의 대표적인 사례라고 비난한다. 언론에 민감한 행정안전부는 지역 축제에 대한 부정적인 보도가 나올 때마다 점검과 평가를 통한 통폐합을 권고하는 순발력을 발휘하기도 한다.

축제의 성공과 내실화를 위해 언론의 건설적인 비판은 필요하지만, 단편적인 사례를 침소봉대하는 비난은 온당치 않다. 가끔은 지역 현실을 잘 모르고 획일적인 기준과 판단으로 탁상공론인 지적을 하기 때문이다. 일상적으로 볼거리와 재미가 넘치는 도시 생활과는 정반대로 농촌은 점점 황폐해지고 있다. 농촌의 위기에 대한 고민과 대안 없이 일방적인 시각으로 폄하하고 매도하는 평가를 공정하다고 할 수는 없다.

서울은 화려하고 재미있다. 서울은 대학로, 홍대 앞, 강남, 신촌, 합정 등 몇 걸음만 옮겨도 다양한 여가시설이 즐비하다. 흥미로운 문화 행사와 공연이 거의 매일 열리고 있다. 그러나 지방의 소도시는 행정에서 나서지 않으면 작은 행사조차 열기 힘들다. 서울보다 넓은 면적에서 겨우 인구 3만 미만이 흩어져 사는 시골 생활의 단조로움과 무기력을 도시 사람은 상상하기 어렵다. 고령화와 저출산으로 인구 감소가 일상화된 시골은 어제가 오늘이고 오늘이 내일인 시간이 멈춘 공간이다.

그나마 계절마다 작은 축제와 행사라도 있어야 계절의 변화에 따른 새로운 기대나 시간의 흐름을 느낄 수 있다. 이런 상황에서 자치단체가 주도하고 주민이 참여하는 지역 축제는 인구 감소와 고령화로 사라져 가는 시골의 일상에 새로운 활력을 불어넣고 공동체를 복원하는 역할을 한다.

전북의 면적은 서울의 13배가 넘지만, 인구는 서울의 5분의 1에도 미치지 못한다. 180만 명이 안 되는 사람이 14개 시·군의 243개 읍, 면, 동에 분포되어 있다. 예산 낭비와 전시행정의 대명사라는 지역 축제는 전북에서 한 해에 63개쯤 열린다. 단순 평균만을 따지면, 자치단체당 1년에 4개 미만으로, 한 계절에 1개 정도 축제가 있다. 2021년 전북 지역 축제의 총예산은 278억 원으로 축제당 4억 원쯤이다. 적어도 수천, 수만 명이 참여하는 축제에 비용 4억 원이 낭비를 염려할만한 많은 예산일까?

대도시와 달리 다양한 문화 시설이 부족하고 문화 행사가 거의 없는 작은 자치단체 주민은 방송이 아름답게 편집해 보여주는 자연만 바라보며 일개미처럼 살아야 할까? 가끔 고향을 찾는 어떤 출향민은 마음의 고향이 너무 변해 어릴 적 시골의 정취를 느낄 수 없다고 이기적 푸념을 한다. 과연 지방은 도시 사람의 정서 함양과 추억을 기억하기 위해 항상 정체되고 낙후되어 있어야 할까? 그나마 지역적 특성을 확인할 수 있는 지역 축제라도 자주 열려야 소멸 운운하는 지역사회가 살아있음을 확인할 수 있다. 지방이라고 시골과 농촌만 있는 것이 아니라 큰 규모의 도시도 있는데 서울 사람은 지방은 다 시골이라는 단어로 획일화한다. 시골이든 지방이든 모두가 문명의 이기와 문화적 혜택을 누리도록, 다양한 문화인프라를 구축하고 신나는 축제가 자주 열려야 한다.

김제시는 우리나라에서 가장 오래된 저수지인 벽골제 주변에서 지평선 축제를 연다. 축제 참가자는 국내에서 유일하게 이곳에서 땅끝 지평선을 볼 수 있고 농사와 관련된 다양한 체험을 할 수 있다. 백두대간의 덕유산과 구천동 계곡이 흐르는 청정의 땅 무주에서는 자연의 신비와 환경보존의 중요성을 체험하는 반딧불 축제가 열린다. 인삼이 자랑인 진안에서는 홍삼 축제가 열리고, 고추장의 고장 순창에서는 장류 축제가 기다린다. 내장산 단풍으로 유명한 정읍은 옥정호에서 구절초 축제로 사람을 부른다. 판소리와 춘향전의 고향 남원은 지리산 자락에서 흥부제를 열고 우리나라 대표적인 누각인 광한루에서 춘향제를 개최해 고대문학과 판소리의 고장임을 자랑한다.

시골 마을 사람들이 자발적으로 참여하는 14개 시·군의 작은 축제와 지역특화형 마을 축제도 있다. 물론 자연환경과 문화적 배경이 다른 지역 축제의 모든 프로그램이 다 독창적이고 차별성이 있다고 할 수는 없다. 그러나 단 하나의 축제도 허투루 열리지는 않는다. 지역이라는 맥락을 고려하지 않고 개별적으로 평가하면 보잘것없을지 모르지만, 지역주민에게는 즐거움과 삶의 활력이 된다. 대부분 1주일이 채 안 되는 지역 축제를 위해 자치단체는 1년 내내 준비해야 한다.

정읍 구절초 축제는 매년 가을, 2주 동안 잔잔한 옥정호수의 신비로운 물안개와 늠름한 소나무, 하얀 구절초 꽃송이가 어우러져 피어

나는 작은 언덕 기슭 구절초테마공원에서 열린다. 구절초는 국화과의 여러해살이 꽃이다. 주로 산기슭이나 풀밭에서 자란다. 구절초 축제는 1월부터 준비가 시작된다. 겨울에 구절초가 얼어 죽는 것을 막으려 동해 예방 조치를 하고 소나무 가지치기와 경관 개선을 위한 잡목 제거로 이어진다. 3월에는 구절초와 아스타 등의 경관 식물 보호를 위한 제초작업을 한다. 구절초 서식지 토질의 산성화 방지를 위해 소나무 가지 제거작업도 병행한다. 4월부터 축제 개막전까지는 구절초를 보충해 심고 풀베기 작업을 반복한다. 비가 오면 빗물이 고이는 것을 막기 위해 배수 관리를 하고, 비가 오지 않으면 가뭄에 대처하기 위해 급수 작업을 한다. 아름답고 당당한 소나무와 청초한 구절초를 위해 병해충 방제를 하고, 주요 탐방로를 주기적으로 청소한다. 아울러 이 기간에 주차장 정비, 경관 개선, 배수로와 산책로 정비 등도 수시로 병행한다. 시설관리뿐만 아니라 축제 기본계획 수립, 행사대행 업체 선정, 음식 장터 판매장 참가단체 모집, 교통 대책 협의, 축제 홍보, 야외 전시 및 공간 연출 등 다양한 축제 행사도 함께 준비하며 점검한다. 축제 준비에 정성을 다하지만, 축제 당일에 날씨가 돕지 않으면 낭패를 보기 십상이다.

1년간 준비한 축제를 비나 눈으로 망치지 않으려면 악천후 대비를 잘해야 한다. 축제 기간에 사람이 몰려 교통이 막히면 행정이 제대로 교통 대책을 마련하지 않았다고 화를 내는 관광객도 더러 있다. 주차장이 멀리 있으면 가까운 주차장을 확보하라고 거칠게 항의하는 막무가내 관광객도 있다. 30개가 넘는 지역 언론에 홍보는 물론 광고도

내야 한다. 그렇지 않으면 모처럼 잔치에 재를 뿌리는 흠집 잡기 보도가 끊이지 않는다.

축제가 끝났다고 일이 끝난 건 아니다. 축제 후에는 개최 성과와 문제점 및 향후 대응 계획을 세워야 한다. 주로 지적하는 문제점은 해마다 비슷하다. 공원의 상시적인 관리를 위한 근로자들을 노령화된 인근 마을 지역주민 위주로 뽑다 보니 일의 효율성이 떨어지고 상호 간의 갈등이 끊이지 않는다. 더 많은 수익을 올리고 싶은 판매장 업주들은 자연 생태와 행정의 관리 능력은 고려하지 않고 축제 기간 연장을 요구한다. 축제 이미지를 떨어뜨리고 정당한 영업을 가로막는 불법 노점상은 아무리 단속해도 근절되지 않는다. 때로는 환경훼손을 반대하는 시민단체, 더 많은 수익 보장을 요구하는 자영업자와 공무원의 갈등도 있다.

축제에 사소한 문제가 반복돼도 도농 균형발전, 지역 정체성 보존, 공동체 유지를 위해서 축제는 계속되어야 한다. 아울러 축제의 지속과 발전을 위해 다른 지역 축제와 연계성을 강화해야 한다. 관광객의 편의를 위해 축제 준비단계부터 인접 자치단체 간에 숙소, 교통, 공동 이벤트, 행사 일정을 수시로 긴밀하게 조율해야 한다. 그래야 잠깐 지나치는 관광이 아니라 다양하게 체험하는 체류형 관광으로 인근 지역이 동반 효과를 얻을 수 있다. 이를 위해서는 광역단체인 도의 역할이 중요하나, 아직 남아 있는 소 지역적 정서와 일부 자치단체의 지역이기주의 때문에 쉽지 않다. 경험이 쌓이고 제도가 마련되어 주민 의식이 높아지면 합리적인 상생과 시너지 효과를 내는 협력이 생길 것이다. 여러 논란이 있지만 지역 활성화와 공동체 복원을 위해 축제는 계속되어야 한다.

인구 감소는 피할 수 없다

인구 감소는 고령화, 출생률 저하와 함께 지방을 위협하는 3종 세트다. 모든 자치단체는 인구 감소를 막기 위해 백방으로 노력하지만, 백약이 무효다. 인구 감소의 원인이 선진국형 개인주의 경향인지, 무한 경쟁에 내몰린 청년들의 좌절인지, 출산과 육아의 어려움 때문인지, 아니면 이 모든 요인이 복합된 것인지 확실하지 않다. 이러한 상황에서 인구 감소 숫자만을 참작해 다시 내놓은 대책은 여태 해온 출생률 높이기와 출산 보조금 지원이다. 지방의 인구 감소는 일시적이거나 한정된 지역의 문제가 아니라 사회 구조적인 현상이다. 젊은 사람의 도시 지향성은 개인 삶의 발전을 위한 필연적인 선택이다.

지방자치 초기에는 지역 인구 감소를 막기 위해 공무원은 다른 지역 거주민의 주민등록 이전 운동을 연말마다 벌여야 했다. 몇몇 자치단체는 공무원에게 주민등록 이전 할당량을 정해주기도 했다. 해마다 인구 감소 통계가 나오면 지방 언론과 의회가 인구 감소 대책이 뭐냐고 애꿎은 공무원에게 따지기 때문이었다. 지금은 궁여지책으로 정주 인구가 아니라 생활인구나 관계인구 개념을 도입하자는 제안도 있다. 지역에 주민등록이 없어도 지역과 연고가 있거나 가끔 그 지역에 들러서 활동하는 사람을 그 지역 인구에 포함하자는 이야기다. 그럴듯하지만 그렇게 하면 불확실하고 과장된 인구통계로 대한민국 총인구가 갑자기 확 늘어날 수 있다. 공무원이 또다시 유령인구를 창조하는 일을 반복할지 모르니 신중히 시행해야 할 것이다

자치단체는 왜 이렇게 인구 늘리기에 행정력을 집중할까? 언론과 의회의 문제 제기와 질책 때문만은 아니다. 생산과 소비의 주체인 거주인구는 지역 경제와 밀접하고 행정 조직의 크기와 예산에도 영향을 미친다. 인구가 줄면 행정 공무원 수도 줄고 조직도 축소돼 공무원의 승진 기회가 줄어든다. 정부 보조금도 함께 줄어들어 전반적인 예산이 축소된다. 조직과 예산의 축소는 단체장의 리더십에 영향을 미치고 당장 지역 경제에도 먹구름이 낀다.

대기업이나 대학이 없는 도시에서 가장 큰 경제주체는 시청이나 군청이다. 보통 이런 도시는 지역 인구 중 절반 이상이 시청이 위치한 도심에 산다. 10만 규모의 도시에 근무하는 시청 직원과 교사, 각종 정부기관과 준공공기관 직원은 1만 명 내외고, 가족까지 합하면 3만여 명 정도다. 시의 1년 전체 예산은 5천억 원에서 1조 원 사이이다. 지방 도시의 경제활동 원천은 관공서의 사업예산과 공무원의 급여다. 그나마

도 교통의 발달, 정보통신산업의 발전으로 인해 지역의 돈이 역외로 유출되어 지역경제가 침체하고 있다.

지역 바깥으로 돈이 빠져나가는 것을 막기 위해 지역 화폐, 지역 상품권을 발행하고 지역 공공 배달앱도 제공하지만, 온라인 기반 대형 플랫폼의 할인 행사와 기민함을 이기기 힘들다. 과거에는 지방세를 늘리기 위해 고향 담배를 사 피우자는 운동이 있었지만 큰 효과는 없었다. 최근에는 '고향기부제법'을 제정해 지역 수입을 늘리려 하지만, 실익 없이 경쟁만 부추기는 근시안적 대책이 되기 쉽다. 행정이 주도하는 시책은 전시행정과 홍보 과잉 상태에 빠지기 쉽기 때문이다. 문제 해결을 위해 중앙정부가 나서 성과를 평가하고 순위를 정해 상을 준다. 자치단체는 높은 점수를 받으려 다시 편법적 수단을 동원하거나 무리한다. 결국 그동안의 많은 보여주기식 행정과 마찬가지로 문제의 본질은 사라지고 지역 간의 순위 경쟁만 남게 된다.

인구문제에 더해 설상가상으로 수년간 지속된 코로나는 비대면, 디지털 시대를 앞당겨 지역 상권 붕괴를 촉진하고 있다. 지역의 자영업은 주민의 편리한 생활을 위해 실핏줄 같은 역할을 하지만, 이제는 대기업 플랫폼이나 편의점, 마트, 몰이 대신하고 있다. 동네 자영업은 위기에 처하고 자영업자는 실업자가 되거나 플랫폼 기업의 노동자가 되어야 한다. 마찬가지로 농사도 농업인구가 고령화되고 줄어들어 외국인 노동자가 없으면 불가능할 정도로 위기이다. 그래서일까, 지역에서는 농민단체의 분쟁이 일상적이다. 농촌 인구는 줄고 농사가 차지하는 비중도 줄었지만, 농업예산은 줄지 않는다.

저출산과 지역 외 유출로 인한 인구 감소는 수도권을 제외한 모든 지역에서 현실이 됐다. 감소 추세는 행정의 임시방편적 대책으로 해결할 수 있는 상황이 아니다. 효율성을 지향하는 자본주의 사회에서 과학·기술이 발전하면 할수록 인간의 노동력으로 하는 일은 줄어들고 사라진다. 인간은 인공지능이나 로봇과의 육체 경쟁에서 이길 수 없으므로, 과거 노동집약적인 산업 시대의 관점으로 정부의 노동 정책을 수립해서는 안 된다.

사람을 더 이상 노동력의 수단인 인구가 아니라 인간으로 생각해야 한다. 일자리가 생계를 위한 노동이 아니라 사회관계 구축과 자아실현의 수단이어야 한다. 일자리가 정기적인 장시간 노동을 의미하는 것이 아닌, 여가와 인간적인 삶을 위해 필요한 것이어야 한다. 노동은 인공지능과 로봇이 하고 사람은 자아실현을 위한 여가활동의 주체가 돼야 한다. 꿈같은 이야기인가.

지방은 사라지지 않는다

지방 소멸이라는 자극적인 용어는 어느 일본 정치인의 책에서 유래한다. 지역의 가임 여성 비율을 기준으로 출산율을 예측하는 지극히 단순하고 자의적인 방법을 근거로 지방 소멸을 주장하며 엄중한 경고를 던졌다. 책이 번역돼 출간되자 국내의 언론과 일부 학자는 금방 부화뇌동하며 맞장구친다. 이제 지방 소멸은 예정된 미래가 되어 감초처럼 등장하는 용어가 됐다. 226개의 기초 자치단체 중 20년 후면 절반이 사라질 거라고 예언도 한다.

조금만 주의를 기울여 생각하면 말도 안 되는 주장이라는 것을 알 수 있다. 일부 농촌 마을은 사라져도 지방이 사라질 수는 없기 때문이다. 하지만 어느 자치단체나 전문가도 지방소멸 예언을 굳이 부정하지 않는다. 소멸 예정 지역은 약자 코스프레를 통해 예산과 관심을 받을 수 있고 인구 감소 문제를 환기할 수 있기 때문인가? 아닌 것 같다.

서울 중심적 사고로 인해 차별받는 지방 사람들은 지방 소멸이라는 말을 좋아하지 않는다. 지방 소멸이라는 말은 지방에 대한 부정적 인식을 강화해 지역 젊은이의 지방 탈출을 부추길 위험이 크다. 누가 곧 사라질 지방에서 살고 싶겠는가? 서울도 일개 지방이라며 애써 위로해 보지만 현실은 냉혹하다.

지방자치 초기에도 미국의 예를 들어가며 많은 자치단체가 파산할 거라는 전문가의 예언이 떠돌았다. 자체 수입으로 공무원 월급조차 줄 수 없는 지방자치단체는 줄줄이 파국을 맞을 거라고. 그러나 30년이 지난 지금 지방자치단체 중 한 곳도 파산하지 않았고 위험하지도 않다. 앞으로도 파산 가능성은 크지 않다. 국가의 기본 구성 요소에 영토가 필수적이고 지역 균형발전이 우리나라의 헌법적 가치이기 때문이다. 하지만 수도권의 인구 집중 현상은 우려할만한 수준이다.

정부는 이미 40여 년 전부터 서울의 과도한 인구 밀집 부작용을 경고했다. 정부는 수도권 인구 분산을 위해 노력했지만, 권력과 돈, 대학이 밀집된 서울의 구심력은 경고하면 할수록 더 커졌다. 노무현 대통령의 수도 이전 계획은 헌재가 듣도 보도 못한 관습 헌법으로 가로막아 서울은 오히려 수도권이라는 이름으로 팽창했다. 그나마 뚝심 있게 추진한 혁신도시는 수도권의 인구가 분산되는 것이 아니라 혁신도시 인근 지역의 다른 인구가 유입되는 풍선 효과를 부작용으로 남겼다.

어느덧 서울의 문제를 논하기보다 지방 소멸을 더 자주 거론한다. 지방 소멸을 막을 수 있는 새로운 수단으로 한때 귀농·귀촌이 인기였고 지금도 이 정책은 홍보 수준의 명맥은 유지하고 있다. 자녀교육, 문화 소외, 소득 저하, 이웃 간 갈등 등의 다양한 이유로 역귀농·귀촌이 오히려 다시 늘고 있다. 요즘은 5일은 도시, 2일은 농촌이라는 5도 2촌이라는 말이 유행이다. 평상시 삶의 거점은 도시에 두고 주말 이틀을 농촌에서 자연을 누리는 생활은 오롯이 도시인의 관점에서 나온 생활방식이지, 지방을 살리는 것과 무관하다. 언론은 새로운 경향이라 부추기고 자치단체는 시골 빈집을 활용한 세컨드 하우스(second house) 제공을 들먹이지만, 그래도 농촌의 인구는 계속 줄어들고 농촌사회 인프라 유지 비용은 점점 더 늘고 있다.

도시는 혁신의 거점이고 기회의 땅이기에 젊은 사람은 기회가 주어진다면 가장 큰 도시, 서울에서 살고 싶어 한다. 오죽하면 '사람은 서울로, 말은 제주로'라는 말까지 있을까? 목민심서를 쓴 정약용조차 자식들에게 어떤 경우에도 서울을 떠나지 말라고 신신당부했다 하니, 필부의 마음은 어떻겠는가. 자본주의 사회에서 사람의 욕망을 억제하는 정책은 성공하기 어렵다. 왜냐하면 민주주의 원리에 따른 주기적인 선거는 때때로 정책의 일관성을 무력화시키고, 법의 틈새에 기생하는 투기가 사라지지 않기 때문이다. 내 집 마련의 욕망을 투기라고 제한하기보다는 장기적으로 질 좋은 공공주택을 늘리는 일관된 정책으로 신뢰를 줘야 한다.

수도권 분산과 지역 균형발전도 마찬가지다. 도시에 몰려 사는 것이 지방에서 흩어져 사는 것에 비해 힘들어야 한다. 이를 위해 지방에 자율적인 예산을 대폭 지원하는 과감한 정책이 필요하다. 그러나 언론과 선거가 항상 발목을 잡는다. 정부는 장기간 누적된 문제를 임시변통으로 조금씩 해결하려고 하니 문제만 더 꼬일 뿐이다. 인구 분산 정책이 효과를 거두려면, 먼저 지방과 서울의 삶의 질 차이가 없고 생활비용 차이는 커야 하며 예산도 지방에 우선 지원해야 한다.

오랫동안 다양한 담론과 주장이 있었다. 국회와 청와대를 세종시로 옮기자는 주장은 현재 진행 중인데 실행만 된다면 지역 균형발전에 상당한 효과가 있을 것이다. 지역 거점 국립대를 서울대만큼 예산을 지원해 전국에 10개의 서울대를 만들자는 주장도 있지만, 선행연구와 다양한 당사자와의 합의가 중요하다. 시혜적이고 관행적인 복잡한 보조금을 통합해 농촌 수당이나 지방 수당으로 지급하자는 주장은 검토할 가치가 있다. 합의된 논의나 정책은 정권이 바뀌어도 중단하지 않을 장기적인 계획이 필요하고, 기득권을 일방적으로 부정해 갈등을 격화시키지 않아야 한다. 하지만 특정 지역 의석을 독점하는 정당구조로는 양극단으로 치닫는 갈등을 해소하기 어려울 거 같다.

4

...

평생 교육으로 지방대학과 지방은 상생할 수 있다

도내 대학들은 교육부의 지역혁신 사업 공모 준비에 바쁘다. 지역혁신 사업의 목적은 위기에 처한 지방대학의 혁신을 위해 지방자치단체, 대학, 지역혁신기관이 협력 체계를 구축하는 것이다. 지역혁신전략은 지역 경제와 산업을 뒷받침하는 지역인재 양성과 지역혁신 선순환 구조로 지역을 활성화할 수 있다. 취지는 좋으나 이미 노무현 정부 때 내생적 지역발전을 위해, 대학 중심의 지역혁신체제를 구축하는 RIS 사업을 의욕적으로 추진해 성과도 얻었고, 지금도 잘 되고 있다.

그런데 교육부는 지자체와 협의도 없이 일방적으로 추진하면서 총사업비의 30%인 600여억 원을 지자체가 부담해야 공모에 지원할 수 있는 구조로 추진 중이다. 2년 동안 탈락과 불참을 반복한 도내 대학들은 이번에는 행정부와 정치권을 동원해 반드시 선정되겠다는 의지를 불사르고 있다. 지역 5개 대학교 총장이 틈만 나면 도지사, 국회의원, 지방의원, 지역언론인을 만나 적극적인 지원을 요청하고 있다. 지역 공영방송국까지 의욕을 가지고 나서자 모두가 동의하고 적극 지원을 약속했으나 또 떨어졌고, 일부 언론은 도청의 책임을 습관처럼 들먹인다.

담당 공무원은 오히려 다행이라고 안도의 한숨을 쉰다. 지금도 대학 인력양성사업과 취업 지원 사업은 이미 넘쳐나기 때문이다. 교육부에서 지원하는 산학연협력 선도대학 육성 사업, 기업에 필요한 인력양성을 위해 도에서 시행하는 커플링 사업 등 전라북도는 매년 600억 원이 넘는 사업비를 대학 사업에 지원하고 있다. 하지만 시간이 지날수록 사업성과는 미흡하고 관련 사업은 대학의 정규 교과과정처럼 운영될 뿐, 일자리 창출과 취업 불일치 해결에 도움이 안 되고 있다.

학령인구는 줄고 등록금은 몇 년째 동결돼 재정 상태가 어려운 대학 사정은 알지만, 그렇다고 예산을 중복적으로 지원할 수는 없다. 대학은 중복되지 않은 사업계획서를 작성하기 위해 전라북도가 특화 분야를 정하고 주도적으로 관리해 달라 요구하고 있으나 수용하기 어렵다. 대학 간의 이해관계가 다르고, 도가 원하는 미래 첨단분야의 인력양성은 이미 다른 사업을 통해 진행하고 있기 때문이다. 우여곡절 끝에 2023년, 도내 대학도 늦게나마 RIS 사업에 선정됐다.

위기의 지방대학은 고령화와 인구 감소에 대응해 고3뿐만 아니라 실직자, 은퇴자, 직장인으로 입학 대상을 넓히고 대학 교육 내용과 역할을 새로 설정해야 한다. 빠르게 변하는 시대에 맞게 새로운 일을 수행할 수 있는 전문적 분야의 기술이나 교양을 위한 전공 분야 개설이 필요하다. 특히 퇴직자와 실직자를 위한 정규 교육과정을 개설해야 한다. 노인 일자리 감소와 소득 감소는 고령자를 폐지 수거, 택시기사, 걷는 배달부, 거리 청소 보조, 교통 보조, 도서관 출근으로 내몰고 있다.

생계 문제가 없는 노인도 오랫동안 무의미한 잉여의 삶을 살아야 한다. 이들을 위해 대학은 새로운 경향에 맞는 전문과정과 교양과정으로 대학과 노인의 위기를 연계해 극복할 수 있다. 정부는 노인의 건강 유지와 사회문제 해결을 위한 새로운 사회 트렌드 교육과 기술 교육 과정 실시를 적극적으로 지원해야 한다. 건강보험에 드는 비용과 돌봄 등의 복지 비용보다 적게 들 것이라는 주장도 있으니 검토해볼 만하다. 또한 직장 재직자나 실직자를 위한 다양한 기술 교육 과정이 필요하다. 노인을 돌봄이 필요한 약자나 무기력한 존재로 규정하면 할수록 노인의 문제 해결은 어려워진다.

평생교육기관이 현재 진행하는 프로그램은 여가 활용을 위한 간단한 춤이나 그림, 사주팔자, 국궁, 서예 등으로 일자리를 위한 교육보다는 남는 시간을 보내는 데 적합하다. 인공지능, 금융과 주식, 블록체인(block chain), 메타버스(metaverse), 코딩, 3D 프린터 등 새로운 개념이나 미래에 대해서는 고령자의 인지력 한계, 강사 섭외의 어려움, 예산 부족, 인프라 부족을 이유로 거의 가르치지 않는다.

평생 교육을 위해 교육의 기본 인프라가 갖춰진 대학이 나서야 한다. 대학과 개인의 평생 교육은 서로에게 꼭 필요한 윈윈전략이 필요하다. 인구 위기로 촉발된 지방의 위기는 지방대학의 위기이기도 하다. 대학은 연구개발과 젊은 인재 육성은 물론 새로운 역할로 지역의 평생 교육의 거점이 되어야 한다. 이게 지역과 대학이 함께 사는 새로운 블루 오션이다. 정부는 공평한 재정지원과 폐교까지 포함한 대학별 역할 조정에 나서야 한다. 대학을 연구와 교육 기능을 넘어 지역공동체 문제 해결을 위한 플랫폼으로 조성해야 한다. 특히 노인, 여성, 청년, 비정규직을 위한 강력한 성인 학습 체계를 구축해야 한다.

4장

투자유치 MOU,
함부로 말하지 마라

1

...

의회는 행정을 감시하고 견제한다

A의원이 전라북도의 투자유치 성과를 깎아내리는 도정 질문을 했다. 그는 민선 6기 이후 전라북도가 그동안 371건의 MOU(memorandum of understanding, 양해 각서)를 체결했지만, 실제로 이행이 완료된 건은 229건 61.7%로 상당히 저조하다고 지적했다. 더불어 해마다 MOU 체결 건수는 증가했지만, 이행 완료율은 떨어져 기업 유치 MOU가 보여주기식 이벤트로 변질한 게 아닌지 우려된다고 비판했다. 부진 이유와 미이행된 63건의 MOU 완료 계획을 물었다. 집행부에 대한 견제와 감시가 지방의회의 중요한 역할이므로 그의 질문이 이상할 건 없다. 하지만 그의 의원으로서의 행적을 떠올려 보면 고개가 갸우뚱해진다.

A의원은 의회 본회의장에서 도정 질문과 5분 발언을 통해 근거가 미약한 일방적인 주장으로 행정의 성과를 자주 비판한다. 아이러니하

게도 그는 공무원에게 각종 사업 청탁과 갑질, 폭언으로 언론의 입방아에 오른 대표적인 갑질 도의원이다. 언론에 보도된 그의 갑질 행태는 다양하다. 그는 자신의 관심 분야에 대한 예산편성을 도청 관련 부서에 요구했으나 이행되지 않자 담당 과장의 출장 목록, 여비 사용목록, 카드 전표, 4년 동안의 행사에 대해 어마어마한 양의 보복성 자료를 요구했다. 전북교육청 B에게 폭언하고, 해당 과의 최근 8년 치 사업자료를 요구하기도 했다.

언론은 A의원이 교육청 해당 과장에게 미세먼지 제거용 방진망 업체 대표를 소개하고 사업설명과 선처를 부탁했으나 뜻대로 되지 않자 갑질을 했다고 보도했다. 그의 갑질은 도청에만 국한되지 않고 한 술 더 떠 도의회 소관도 아닌 정부 공공기관에까지 뻗쳤다. 그는 도내 한 공공기관이 이미 경쟁 입찰을 마친 용역사업을 그가 소개한 특정 업체가 수주하도록 재공모를 요청해 공공기관 담당자를 당황케 했다. 그의 횡포를 견디다 못한 교육청 간부가 그의 갑질과 폭언을 녹취해 언론에 공개할 때까지, 그는 잘못을 인정하지 않았다. 공무원 노조가 또 다른 갑질을 폭로하고 강력한 대응을 천명하자 그는 비로소 사과 아닌 사과를 했다.

"전북 발전과 도민을 위한 생각으로 의정 활동을 의욕적으로 했으나, 그 과정에서 인사개입과 사업 청탁으로 비친 것 같다. 그런 의도는 아니었으나 마음의 상처를 입었을 당사자와 도청, 교육청 직원들에게 죄송하다."

A의원의 제대로 된 반성과 사과는 언제나 가능할까? 반성과 책임이 빠진 사과 후에도 그의 황당하고 놀라운 행태는 다시 이어졌다. 갑질 사과 후 얼마 지나지 않아 그는 도청 행정사무 감사에서 전북도청은 직장 내 갑질 문화 근절을 위해 관심을 두고 실태 점검을 하라고 요구했다. 지역 내 언론은 그의 행태를 유체이탈 화법이라고 일제히 비난했지만, 그는 오불관언(吾不關焉)이었다. 그는 의원 재직 중에 출판기념회를 자주 열었고, 심지어 코로나 와중에도 온라인 출판기념회를 진행해 책을 홍보하고 팔았다. 이런 그가 지역발전을 위한 공무원의 투자유치 노력과 성과를 깎아내리면서 집행부 견제에 충실했다고 할 수 있을까?

...

공무원은 소신껏 응답해야 한다

A의원의 투자유치에 대한 비판은 타당한 문제 제기인 듯 보일 수 있다. 하지만 그의 지적은 기업의 투자가 경제 상황과 환경에 따라 가변적이고 유동적이라는 사실을 간과했거나, 언론 보도만을 염두에 둔 의도적인 비판이다. 왜냐하면 기업이 투자 MOU를 체결하고 새로운 용지 매입부터 공장 설계와 건축 등 투자 완료까지 보통 최소 3년에서 5년이 걸리기 때문이다. 요즘은 코로나19, 공급망 문제 등 외부 요인으로 인한 경기 침체로 투자가 더 지연되고 있다.

그렇지만 경제 상황이 호전되면 대다수 기업은 계획대로 투자를 이행한다. 그가 지적한 63개 기업도 현재 입주 계약과 토지 매매 계약을 체결했기에 곧 실제 투자로 이어질 것이다. MOU를 체결한 후, 투자가 철회되거나 지연된 사례가 없긴 않지만, 시간이 지나면 기업들은 대부분 예정대로 투자한다. 기업과 맺는 투자 MOU는 그 의원이 주장한 보여주기식 전시행정과는 거리가 멀다. 기업이 약속한 투자 이행을 하지 않으면 미리 지원한 보조금을 환수하기 때문에, 기업이나 자치단체에서도 섣불리 MOU를 체결하지 않는다.

최근 A회사는 MOU 체결 후 산업부에서 지방투자촉진보조금 수십억 원을 미리 지원받았으나, 사업 계획대로 설비투자와 신규고용을 투자 기간 내에 완료하지 않아 보조금 전액을 반환해야 할 처지에 몰렸다. 대부분 자치단체는 이런 상황을 바라지 않기 때문에 섣불리 투자 MOU를 체결하지 않는다. 자치단체가 기업과 투자 MOU를 체결하는 이유는 자치단체의 성과 홍보도 있지만, 진짜 목적은 유치기업에 투자 보조금을 지원할 수 있는 근거를 마련하기 위해서다.

모든 자치단체는 기업이 투자하기 전에 자치단체와 MOU를 체결하지 않으면 사업장 이전 보조금을 주지 않는다. 사전에 자치단체와 MOU를 체결하고 지방으로 이전하는 수도권 기업에, 정부는 지역 균형발전 명목으로 토지 매입가의 최대 50%를 지방투자보조금으로 지원하고, 자치단체는 최대 300억 원의 현금을 지원한다. 아울러 법인세, 소득세, 취득세, 재산세를 최대 7년 동안 감면해주고, 일자리 창출을 위해 고용보조금과 교육훈련 보조금을 지원하고 있다. 이 정도 지원이라면 새로운 사업을 구상하는 기업들이 구름처럼 몰릴 듯싶은데, 현실은 그렇지 않다.

다양한 투자 지원금에도 불구하고 많은 기업이 지방 이전을 꺼린다. 기업이 지방 이전을 꺼리는 표면적인 이유는, 수도권에 사는 유능한 직원의 이탈과 지역의 인재 부족, 그리고 정주 여건이 좋지 않아서다. 하지만 지방에도 역사와 전통이 있는 명문 대학과 다양한 인재가 있고 문화·교육·의료 등의 기본적인 인프라가 잘 갖춰져 있어, 기업의 진의가 의심스럽다. 우리나라 인구의 절반이 지방에서 여전히 잘 살고 있기 때문이다.

그동안 전북에 투자한 외국 기업은, 국내 기업과 달리 인력난과 정주 여건 부족이라는 이유를 달지 않고, 순전히 경제적인 판단으로만 지방에 투자하고 있어, 국내 기업의 주장은 설득력이 떨어진다. 아마도 국내 기업들은 수도권에서 더 많은 이익과 기회를 얻기 위해, 기존 직원들의 수도권 사수 의지를 핑계 삼아, 이전을 꺼리는 게 아닌지 합리적 의심이 든다. 기업의 시각이 바뀌지 않는 한 아무리 기업하기 좋은 전북, 기업 친화 도시 전주를 내세워도 성과를 내기 어렵다.

...

투자유치는
우공이산(愚公移山)의 마음이 필요하다

    지방자치단체의 투자유치 활동은 입지 조건의 불리함을 극복하고, 지방을 수도권과는 완전히 다른 시골로 생각하는 편견과 맞서야 하는 난제 중의 난제다. 더구나 투자유치를 위한 특별한 매뉴얼은 없다. 각각의 사례에 따라 그때그때 맞춤형으로 접근해야 하므로, 성실한 태도와 개별적으로 축적된 경험과 노하우가 절대적이다.

    투자유치를 위해 가장 먼저 할 일은 목표 기업의 선정이다. 목표 기업 선정을 위해 우선 전북에서 육성하려는 에너지, 미래 수송기계, 스마트 농생명, 첨단 융복합 소재 분야의 핵심 기업을 조사·분석하고 목록을 만든다. 그다음 다양한 수단과 네트워크를 활용해 목표 기업과의 접촉을 시도한다.

    정보가 부족한 첨단 산업 분야는, 전문성을 갖추고 기업 동향에 밝은 민간 경제연구소의 용역을 통해 산업과 기업 분석을 대신하기도 한다. 용역 결과를 활용해 투자유치 전략을 세우고 연관 기업의 정보도 확보하지만, 아쉽게도 용역을 활용한 투자유치 성과는 없다. 용역의 실효성에 의문이 생길 만하다.

용역 과정을 지켜보면서 매번 느낀 점은, 현장의 생생한 경험과 정보가 아닌 자료와 보편적인 지식을 가공해 만든 계획으로는 투자유치가 어렵다는 것이다. 행정에서의 용역 남발은 예산 낭비와 무사안일한 업무행태를 초래하는 고질적인 문제다. 하지만 공무원의 전문성을 의심하는 편견이 사라지지 않는 한 외부 용역은 불가피하다.

투자유치를 위한 기업 접촉은 산업부나 코트라 등이 주관하는 투자행사, 투자 박람회에 자치단체가 참가해 투자 상담을 진행하면서 활발히 이뤄진다. 현대중공업 조선소 중단과 GM 군산공장의 폐쇄로 위기에 빠진, 군산시의 새로운 미래로 떠오른 전기차 클러스터인 군산 상생형 일자리의 중심 기업인 A회사의 투자유치는 산업통상부 투자박람회를 통해 성사됐다.

익산시에 천억 원이 넘는 투자를 진행 중인 B회사 역시 마찬가지이다. 전북 도내 투자로 이미 성공한 기업과 관련 기업들에 유리한 입지와 인센티브를 제시하며 투자를 유도하기도 한다. 이차전지 핵심부품을 생산하는 C회사와 전기차 부품을 생산하는 D회사의 완주군 투자와 E회사의 임실군 투자 역시 관련 회사와의 연결로 가능했다.

때로는 정치인의 소개로 투자가 성사되기도 한다. 특히 국회의원이 자신의 지역구 관리를 위해 추천하는 기업 이전이나 투자유치는 성공 확률이 높다. 대규모 물류단지를 건설하려고 입지를 물색 중이던 F회사는 지역구 국회의원의 소개로 전북과 연결됐다. 정보를 입수한 전라북도는 2달 동안 그 기업을 10여 차례 방문하며 지속적인 접촉과 홍보를 했고 물류회사는 회사 구호처럼 빠르게 완주군 투자를 결심했다. 그러나 산업단지 조성이 늦어지고 토지비용이 상승해 결국 무산되고 말았다. 투자유치를 어렵게 하는 요소는 곳곳에 지뢰처럼 숨어 있어 끝까지 방심할 수 없다.

가끔 국회의원과 약속을 들먹이며 투자 조건으로 무리한 요구와 특혜만을 바라는 기업이 있어 행정이 곤란할 때도 있다. A의원이 소개한 G회사의 투자에 대해 도는 탐탁지 않게 판단했으나, 공장 이전을 조건으로 군산 상생형 일자리 사업에 포함시켰다. 시간이 지나자, 임대용 부지에 입주하기로 했던 G회사는 그 땅을 분양해주라는 억지 주장을 했다. 또한 자사 제품인 전동휠체어나 전기 카트의 무리한 선구매 요구를 하다가, 행정이 난색을 보이자 회사를 다시 강원도 원주로 옮겼다. G회사는 전북도와 투자 MOU를 체결한 후, 더 나은 조건을 제시한 강원도로 이전을 결정하고서는 전라북도 탓만 했다. 이윤을 추구하는 기업의 행태라고 이해할 수는 있지만, 신의를 저버리며 책임까지 전가하는 경우는 드물다. G회사는 심지어 산업단지관리공단에 납부한 임대료 반환소송을 제기했다. 아쉽기도 하고 어처구니없기도 하지만, 지방을 만만하게 보는 기업의 행태를 보는 듯해 씁쓰

레했다.

언론의 기업 동향 보도도 투자유치에 적극 활용한다. 기업의 투자 기사를 낸 언론사나 기자에게 연락해 정보의 신빙성을 확인한 뒤 해당 기업과 연결된 인맥을 동원해 기업과 접촉한다. 접촉 후에는 투자에 따른 인센티브를 설명하고 지속해서 동향을 살피며 공을 들인다. 정읍시에 천여억 원 투자를 결정한 H회사의 투자유치가 대표적인 사례다.

전문가와 대학교수로부터 확보한 기업의 투자 동향 정보도 중요한 수단이 된다. 그들은 지속적인 연구·개발로 기업이 필요로 하는 새로운 기술과 지식, 그리고 특허가 있기에 기업과 밀접하게 연계돼 있다. 또한 그들은 전문가로서 정부의 각종 사업의 평가와 컨설팅에 참여해 정책에도 간접적으로 영향을 미치기 때문에 기업은 물론 자치단체에도 중요하다. 따라서 지역의 전문가는 물론, 연고가 있는 지역 외전문가들을 도정의 각종 위원회나 사업의 자문위원으로 위촉해 꾸준히 소통하는 일은 투자유치와 정부의 각종 공모사업 대비 차원에서 매우 중요하다.

가끔은 아무런 접촉도 없이 투자 홍보물을 보고 스스로 찾아오는 반갑고 고마운 기업도 있다. 이런 기업에는 가능한 모든 편의나 인센티브를 신속히 제공하려고 노력한다. 새만금에 2조가 넘는 에너지 분야 투자를 약속한 I컨소시움과 익산시에 이차전지 관련 천오백억 원 투자를 약속한 J회사가 대표적인 고마운 기업이다.

어떤 경로를 통해서든 기업과 연결되면 투자유치 담당자는 기업의 필요 사항이나 요구 사항을 확인하여 빠르게 행정절차를 진행해야 한다. 대부분 기업은 여러 지역을 대상으로 입지 조건이나 인센티브를 비교하며 투자를 결정하므로 조금만 방심해도 실패하기 때문이다.

추가 투자를 고민하던 K회사는 전북도청 경제본부장이 두 차례 울산시에 있는 회사를 방문하고 신속한 행정지원을 약속하자, 울산에서는 주무관도 보기 어려웠다는 소감을 밝히고 김제시에 투자를 결정했다. 이렇듯 투자유치는 기업의 정보와 동향 파악, 인센티브 제공, 빠른 행정절차 이행 등을 담보해야 성과를 낼 수 있다. 그러나 아쉽게도 자치단체는 기업이 매력을 느낄 만한 파격적인 세제 혜택, 과감한 인센티브를 독자적으로 제시할 수 없어 공격적인 투자유치 활동을 전개할 수 없다. 하루빨리 실질적인 지방자치가 실현돼 미국이나 중국처럼 지방 특색에 맞는 지방 중심의 투자유치가 실현되기를 바랄 뿐이다.

4

...

투자유치는 정쟁의 대상이 아니다

　지방의회와 지역 시민단체, 언론의 투자유치에 대한 흠집 내기도 공무원의 투자유치 활동을 힘들게 한다. 선거 기간 중에는 투자유치 MOU를 현직 단체장을 공격하는 정치적 수단으로 변질시켜 공무원의 투자유치 활동을 위축시키기도 한다. 삼성의 새만금 투자유치 철회가 대표적이다. 물론 처음부터 삼성의 의도가 불분명한 것은 사실이었다. 삼성의 새만금 투자가 무산되자, 전북도의회는 2017년 6월에 진상 규명을 위한 특별위원회를 만들어 조사를 진행했다. 도의회는 삼성의 새만금 투자 MOU는 체결 당시부터, LH공사의 전북 이전 무산에 따른 민심 달래기용이라는 의혹을 조사할 필요가 있다고 주장했다. 아울러 투자 관련 MOU가 남발되거나 정치적으로 이용되고 있어 조사를 통해 제도 보완을 마련하고 행정의 신뢰를 높이는 기회로 삼겠다고 했다.

당시 도지사는 전북의 미래를 위해 대기업 유치를 간절히 열망했다. 그래서 그는 삼성 미래전략실 임원 출신을 전국 자치단체에서는 처음으로 경제부지사로 임명했다. 아쉽게도 경제부지사는 지역 언론과의 불화로 일찍 부지사 자리에서 물러났으나 경제 특보 역할은 계속하면서 삼성과의 가교역할을 계속했다.

오랫동안 반응이 없었던 삼성은 2011년에 갑자기 경제특보를 통해 새만금 투자 의사를 도에 전달했다. 전라북도는 즉각 총리실과 협의해, 한 달이 채 되기도 전에 일사천리로 삼성그룹, 총리실, 농식품부, 지식경제부, 전라북도와 새만금 투자 협력을 위한 MOU를 총리실에서 체결했다. 그 후 전라북도는 삼성의 조기 투자 유도를 위해 새만금 청사진 변경을 포함해 다양한 후속 조치에 대해 논의했으나 삼성의 반응은 미지근했다.

결국 삼성은 MOU 체결 후 2년이 지난 2013년 7월에 정부나 전라북도에 아무런 연락도 없이 새만금 투자 실무부서인 신수종사업단을 해체했다. 지역 언론이 앞장서 문제를 제기하기 시작하자 여론이 들끓고 지역 정치권도 들썩였다. 전라북도는 MOU 이행방안에 대해 삼성의 공식 답변을 요구했지만, 삼성은 묵묵부답으로 일관하다 마침내 새만금 투자 포기를 발표했다.

도의회 삼성조사특위는 9차례 회의를 열어, 당시 삼성 투자유치 관련 도청 간부와 도지사를 증인으로 세워 투자 무산에 대해 추궁했다.

도지사는 증인 조사에서 삼성의 진정성을 믿었고 지금도 의심하지 않으며 소극적인 삼성을 어떻게든 설득해 지역발전을 위한 투자를 이끌어야 한다고 말했다. 특위가 주장한 LH공사 이전 무산과는 무관하고, 삼성의 투자유치를 위해 가능한 빠른 절차를 밟으려 노력했으며 어떤 정치적인 배경이 있는 것이 아니라고 항변했다. 결국 특위는 아무런 진실도 밝히지 못하고 성과도 없이 대기업 투자유치에 대한 상처만 남기고 해산했다.

과거에도 일부 도의원이 미국 투자회사 A와 전북도가 맺었던 MOU 내용을 선거에 활용할 목적으로 부당하게 유출해 도지사와 담당 간부가 경찰 수사까지 받았다. 또한 미국 B사와 맺은 투자 MOU가 실질적인 투자로 이어지지 않자, 도의회와 지역 언론은 대표적인 실패 사례라고 오랫동안 비난을 했다.

최근 도지사가 바뀌자, 새만금에 이미 오래전에 어렵다고 결론이 난 카지노, 세계적인 놀이공원, 대기업 유치를 다시 거론하며 전담 조직을 만들었다. 선거가 끝나면 과거 정책의 옥석을 가려 온고지신하면 좋으련만, 어찌 된 일인지 검토나 확인 없이 과거 지우기에만 몰두하니 안타깝다. 물러나는 도지사도 시작할 때는 새로 당선된 도지사와 같은 마음이었을 것이다.

전북도와 삼성의 악연은 도교육청까지 확대됐다. 도의회는 전북도 교육청이 삼성그룹의 교육지원사업인 〈드림클래스 방학캠프〉를 거부해, 학생들이 피해를 보고 있다며 교육감을 질타하고 태도 변화를 요구했다. 이 캠프는 2012년부터 여름방학과 겨울방학 때 대학생을 모집해 200명의 중학생에게 3주간 영어, 수학 학습을 지도했다. 참여한 대학생에게는 3주간 중학생을 지도하고 250만 원의 장학금을 받을 수 있어 매우 가성비 높은 아르바이트였다.

그러나 도교육청은 이 캠프가 사교육을 조장하고 삼성의 반사회적인 불법행위에 대한 이미지를 희석하려는 의도가 있으며, 도교육청을 배제하고 프로그램을 일방적으로 운영하는 태도는 교육기관을 모독한다는 이유로 2014년부터 불참했다. 삼성이 진정으로 장학사업 의지가 있다면 교육기관이 교육을 맡아 진행하고 삼성은 기금 전달 역할만 하면 충분하다는 교육감의 철학 때문이었다. 하지만 교육감의 삼성에 대한 생각과 달리 많은 도민과 청년은 지역발전을 위해 세계적인 기업 삼성을 유치해 일하고 싶어 했다. 도의회는 삼성의 취지와 도교육감의 생각을 조정하려는 노력보다는 그저 뒷북만 치며 갈등을 심화시켰다.

지역의 입지적 한계로 유치 여건이 어렵다고 투자유치 활동과 MOU를 피하거나 멈출 수는 없다. 건실한 기업의 유치는 지방의 좋은 일자리 확보와 지역발전을 위해 필수이기 때문이다. 도청의 담당 부서는 투자유치를 위해 1년 내내 투자유치 대상 기업의 동향 파악을 해야 한다. 성과가 있든 없든 수시로 기업을 방문해 홍보하고 설득하며 관심과 정성을 들여야 한다. 이미 지역에 유치한 기업에 대한 추가 투자 동향 파악과 권유도 중요하다. 코트라와 무역협회 같은 실질적인 기업 지원 기관과의 정보 공유도 빠뜨릴 수 없다. 전라북도의 투자 환경 홍보를 위한 국내외 투자 설명회도 성과 여부에 연연하지 않고 끊임없이 개최해야 한다. 언론과 의회의 문제 제기와 비판에도 불구하고 기업의 투자를 끌어내기 위해서 공무원은 매일 유사한 일을 끈질기게 반복하고 있다. 그러다 가끔 수사와 징계도 받고 불이익도 받지만 중단할 수 없는 과제다.

| 5장 |

이익단체는
사회적 약자가 아니다

...

아직도 후진적인 안전사고가
끊이질 않는다

노동 현장에서 일어나는 기계에 끼이는 사망사고, 중량물에 의한 압사 사고, 추락 사고, 직장 내 따돌림으로 인한 극단적 선택에 민심이 들끓는다. 사고 때마다 정부는 철저한 원인 규명과 재발 방지 계획을 발표하지만, 얼마 지나지 않아 사고는 반복되고 정부는 다시 비슷한 대책을 내놓을 뿐이다. 알맹이 없는 재탕 대책이라는 언론의 비판도 변하지 않기는 매한가지다.

사고의 표면적인 원인은 위험의 외주화를 부르는 무리한 하청구조, 비용 절감 명목의 안전시설 미설치, 안전 감시원 미배치, 2명 이상이 필요한 위험한 현장에 미숙련자 혼자만 배치하는 위법 행위이다. 사고 때마다 매번 방지 대책과 엄벌을 강조하는데도 유사한 사고가 반복된다. 사고에 대한 원인 분석과 대책이 잘못됐거나 현장에서 정부 조치를 아예 무시하는 것이 아닌지 의심된다. 하기야 여론이 잠잠해

지면 언론은 잊고 기업은 안전불감증 관행을 반복하니 노동 현장에서 안전사고는 근절되기 어렵다.

2016년 5월 서울지하철 구의역에서 혼자 스크린 도어(screen door)를 정비하던 서울시도시철도 하청업체 노동자가 사망하면서 사회적인 큰 파장이 일었다. 이 여파로 산업안전보건법의 개정안이 발의됐으나, 기업들의 반발로 2년 동안 국회에서 잠자고 있었다. 2018년 12월 충남 태안화력발전소 협력업체의 비정규직 노동자가 운송설비 점검을 하다가 숨지는 비극이 일어나고서야, 미적거리던 법안은 결국 국회를 통과했다. 산업안전보건법 개정안에는 '위험의 외주화를 방지'하기 위해 유해·위험 작업의 사내 도급을 원천적으로 금지하고 있다. 이게 실현이 가능한 것인지 여전히 의문이다.

어쨌든 위반 시 10억 원 이하의 과징금 부과도 명시하고, 도급인의 산재 예방 조치 의무를 확대하여 위반 시 징역과 벌금에 처할 수 있다. 현장에서 급박한 위험이 발생하면 근로자가 작업 중단과 대피를 할 수 있고, 대피한 근로자에게 해고 등의 불이익을 준 사업주에게는 징역 또는 벌금을 부과할 수 있다. 안전조치 의무 위반으로 노동자가 사망하면 사업주에게는 7년 이하의 징역, 회사에도 10억 원까지 벌금을 부과할 수 있다. 또한 이 법의 보호 대상을 종전의 '근로자'에서 '노무를 제공하는 자'로 확대했다.

산업안전보건법을 촘촘하게 개정했음에도 불구하고 아직도 어처구니없는 산업재해는 사라지지 않고 있다. 2021년 10월 6일에는 여수시 웅천친수공원 요트 정박장 해상에서 특성화고 3학년 학생이 잠수작업을 하던 중 숨졌다. 이 학생은 잠수 장비를 착용하고 요트 선체 바닥에 달라붙은 따개비 등의 이물질을 제거하던 중, 잠수 장비를 점검하다 허리벨트를 풀지 못해 사고를 당한 것으로 보고 있다. 현장실습 계획서에는 주로 선상에서 항해 보조를 하거나 접객 서비스를 하는 내용이 담겨있는데 왜 잠수작업을 했는지 의문이 제기된다. 잠수 전문가를 고용하면 돈이 많이 드는데 실습생을 시키면 한 푼도 들지 않아서라는 얘기가 사실이 아니길 바란다.

안전사고 방지를 위해 중대재해처벌법도 2022년 1월 27일부터 시행 중이다. 이 법의 목적은 중대 재해의 예방과 관련 시민과 종사자의 생명·신체를 보호하는 데 있다. 사업주나 경영책임자 등에 대한 형사처벌을 대폭 강화한 것도 큰 특징이다. 그러나 중대재해처벌법은 입법 과정에서부터 찬반 논란이 많았다. 사용자는 법의 규정이 모호하고 법정형도 너무 높다고 하고, 노동계는 법의 적용 범위가 좁아 실효성이 떨어지고 경영책임자 처벌이 쉽지 않다고 주장한다. 무엇이 더 옳든, 이 법으로 산업현장은 물론 공공부문까지 처벌이 가능해졌다. 이 법이 시행되자 기업들은 첫 번째 처벌 대상이 되지 않기 위해 산업현장의 사고 예방에 힘을 기울였으나 안전사고가 크게 개선되진 않았다.

안전사고 방지를 위해 법을 제·개정했지만 안전사고는 근절되지 않고 있다. 그렇다면 안전사고는 법의 불비 때문이 아니라, 노동 현장에서의 안전불감증이나 무사안일한 행태 문제라고 볼 수 있다. 아직도 일부 산업현장에서는 노동자의 안전보다 비용 절감이 더 시급하고 중요하다. 설마 사고가 나겠냐는 안일한 인식도 안전불감증을 더 키우고 있다.

대통령이 나서서 사람이 먼저라고 호소해도 나아지지 않는다. 경제가 아무리 중요하다 한들 사람 생명보다 우선일 수는 없다. 모든 사람의 목숨은 다 소중하기에 열악한 지위의 노동자에게 위험을 전가하는 현장의 관행은 반드시 개선 돼야 한다. 법의 집행력을 강화하여 예외 없이 책임을 물을 수 있어야 한다. 안타깝게도 사고는 반복되고, 그 사고는 규모가 작고 작업환경이 열악한 사업장에서 더 일어나기 쉽다.

2

...

때로는 좋은 뜻도 사회갈등을 부른다

문재인 대통령은 후보 시절에 열악한 노동환경 개선과 위험의 외주화 방지를 위해 공공부문 비정규직을 임기 중에 제로화하겠다는 공약을 했다. 공약은 단지 선거 승리를 위한 수단만이 아니라, 국민과 약속이므로 반드시 지키는 것이 도리라고 했다. 그러나 선거 승리를 위해 무리하게 약속한 공약은 무조건 강행할 것이 아니라, 사회 현실과 국민 정서를 참작해 먼저 타당성과 이행가능성을 면밀하게 검토할 필요가 있다. 그것이 진정으로 국가와 국민을 위하는 길이기 때문이다.

급조된 공약의 강행은 이해관계가 상충하는 사회집단 간의 갈등과 부작용을 일으키고 정부의 예산 낭비를 초래하기 쉽다. 특히 어느 특정 집단에만 해당하는 특혜성 공약은 사회를 분열시킬 수 있으므로 반드시 재검토하고 보완할 필요가 있다. 왜냐하면 대통령은 특정 정파나 집단의 대표가 아니라 국민 모두의 대표이기 때문이다.

대통령 당선 후 문재인 대통령은 '공공부문 비정규직 제로화' 공약 실천을 위해 인천국제공항공사를 가장 먼저 방문했다. 공항공사는 대통령 방문에 화답하여 3년 동안 1만여 명의 비정규직 근로자를 정규직으로 전환했다. 더 나아가 1천900여 명의 보안 검색 요원과 공항 소방대 213명 등 총 2천143명을 직접 고용하기로 했다. 그러나 이 계획이 알려지자 정부의 기대와 달리 청와대 국민청원 게시판에 '공기업 비정규직의 정규화 그만해 주십시오.'라는 청원 글이 올라왔다. 취업 준비생과 대학생, 일반 시민 등의 분노로 이 청원은 하루도 지나지 않아 동의 수가 금방 20만 명이 넘어 정부는 답을 내놓아야 했다.

연봉이 높지도 않은 일자리를 놓고 주장이 지나치다는 정부의 해명이 취업준비생의 분노에 기름을 부었다. 인천국제공항공사는 국가가 지원하는 공기업으로, 취업준비생이 정말 선호하는 직장 중 하나이기 때문이다. 대다수 공기업은 지역인재 채용 의무화와 함께 어학성적, 서류전형과 필기시험, 1·2차 면접을 통해 공정하고 투명하게 정규직 직원을 선발한다. 바늘구멍 통과보다 어렵다는 입사 과정을 거치지도 않고 아르바이트나 비정규직으로 입사했다가 조건 없이 모두 다 정규직으로 전환한다면, 신규 정규직 공채가 줄어 취업 문은 더 좁아질 게 뻔하다. 취업을 준비 중인 청년들은 분노했다. 투명하고 공정한 공개 경쟁으로 입사한 기존의 정규직들 역시 다수 노조의 지위를 그들에게 빼앗길 우려가 있어 역차별이라며 반발한다.

해고 걱정 없는 직장, 근로 환경이 양호한 직장, 정년이 보장되는 직장은 모든 노동자가 소원하고 정부가 보장하며 사회가 지향해야 하는 방향이다. 그러나 이 모든 과정은 투명하고 공정하며 정의로워야 한다. 인천공항공사의 무리한 정규직 전환 추진은 명분과 실적에 집착하면 어떤 부작용과 역효과가 나오는지 여실히 보여줬다. 아무리 명분 있는 공약이라 해도 무조건 밀어붙일 게 아니라, 형평성과 공정성에 대한 국민적 정서를 고려해 설득하고 조정해야 했다.

인천공항공사의 정규직 전환 문제가 사회적 이슈로 떠올랐지만, 정작 중요한 노동 이슈는 민간 기업 노동 현장에서 발생한다. 산업재해는 일반적으로 근로조건이 상대적으로 좋은 공사에서가 아니라, 취약계층 노동자와 사회적 약자에게 더 빈번하게 일어난다. 천 명 이상의 사업장의 재해율(0.28%)보다 5인 미만 사업장의 재해율(1.15%)이 4배 이상 높다. 5인 미만의 사업장은 근로기준법과 산업안전보건법의 내용이 웬만하면 잘 적용되지 않는 노동권 보호의 사각지대이다. 그런데도 대부분의 산재 사망사고가 일어나는 영세한 중소업체를 외면하고, 상대적으로 처우나 근로조건이 좋고 정부의 영향력이 미치는 공사나 공공기관을 대상으로 무조건 정규직 전환을 추진하는 것이 타당한지 의문이다.

3

...

공무직의 정규직 전환 과정은 험난하다

문재인 대통령은 2017년 5월 10일 대한민국 19대 대통령에 취임했다. 전라북도는 대통령의 핵심 공약인 〈공공부문 비정규직의 정규직 전환〉을 위해 민주노총, 한국노총, 전북도청, 변호사, 대학교수 등 당사자와 전문가들이 참여하는 정규직전환협의회를 구성하고, 지속적인 협의로 모범적인 합의를 했다. 정규직전환협의회의는 정부의 가이드 라인과 노사협의에 따라 전환논의를 순조롭게 진행했다. 정규직 전환 시기, 전환 대상자, 처우, 임금 체계 등의 광범위한 내용이 원만하게 합의되어 2017년 12월에 정규직 전환을 추진했다. 전환자들은 그동안 용역 회사 직원으로 근무하다 공공기관인 도청 소속의 직원이 되었기에 앞으로는 민간에서보다는 규범과 원칙을 잘 지켜야 한다.

그런데 어떤 노조는 정규직의 혜택은 누리면서 의무는 지키지 않으려고 했다. 한 예로 공공운수노조는 조합원의 조합비를 개인 급여에서 원천 징수하기를 원했다. 개인 급여에서 조합비 원천 징수는 징수 여부와 액수에 대해 조합원 각자에게 개별적인 동의서를 받으면 얼마든지 가능하다. 하지만 공공운수노조는 연판장 형태의 일괄 서명으로 대신하려고 했다. 그동안 민간 용역 회사에서 그렇게 했으니 그냥 해주라는 것이다. 공공기관의 급여 규정에 어긋나기 때문에 안 된다고 하자, 노조 간부는 도청 총무과에 와서 폭언과 행패를 부리며 담당자를 협박했다. 그는 아무런 설명도 없이 조합원이 개인 급여에서의 원천 징수 내용을 확인하고 동의 받는 것을 원치 않았다. 원만한 합의를 위해 노조의 요구를 들어줬지만 개운치 않았다.

2019년 4월 16일, 갑자기 민주노총 공공운수노조는 갑자기 그동안의 합의된 내용과는 무관한, 과거 민주노총과 체결한 단체협약의 복원과 소수 노조의 개별교섭권 등을 요구했다. 노조도 잘 알다시피 현행법상 효력이 상실된 기존의 단체협약을 복원시키는 것은 불가능하다. 또한 복수 노조 체제인 도청 공무직의 단체협약은 직원들 간의 입무가 특별히 다르지 않으면 대표 노조를 선정해서 협상을 진행해야 한다. 노조별 개별협상은 그들이 주장하는 '동일 노동 동일 임금' 체계를 무너뜨리고, 행정서비스를 제공하는 도청은 노조들과의 협상으로 날이 샐 것이기 때문이다.

공공운수노조의 삼보일배 시위

요구가 관철되지 않자, 공공운수노조는 2019년 10월부터 도청 안으로 무단 진입해 시위를 시작했다. 매일 도청 입구에 확성기를 틀어 소란을 피우고 불법 현수막으로 청사 주변 곳곳을 도배하다시피 했다. 민주노총의 갑작스러운 태도 변화에도 불구하고 전북도청은 대화를 통한 해법을 모색하기 위해 먼저 만나서 이야기하자고 요청했다. 그러나 민주노총은 자신들의 요구에 긍정적인 답변을 먼저 보장하지 않으면 만나지 않겠다고 막무가내였다. 그들은 노사협의는 법규정보다 합의가 우선이므로 성의만 있으면 얼마든지 자신들의 요구를 들어줄 수 있다고 주장하며 대화를 거부했다.

행정의 기본원칙인 〈법치행정〉을 지켜야 하는 전북도청은 그들의 요구를 결코 수용할 수 없었다. 행정은 법적 근거를 바탕으로 사업을 추진하고 관련된 예산 집행을 할 수 있는데, 하물며 법을 무시하라는 노조의 일방적인 주장을 받아들일 수는 없다. 설령 공공운수노조의 주장대로 근로기준법에 따른다 해도 다른 행정법의 규정, 타 기관과의 형평성, 다수 노조의 반대 때문에 일방적으로 결정할 수가 없다. 공공운수노조는 도청에서 매일 시위하면서 2차례의 불법적 파업을 강행하고 도로변에 천막을 설치하여 밤샘 농성을 했다.

노조의 불법 집회·시위를 중단시키기 위해 경찰에 협조를 요청했으나, 집회·시위는 신고제라 경찰도 막을 수 없다는 무성의한 대답만 돌아왔다. 중앙부처나 다른 공공청사의 예를 들어 청사 안에서의 시위는 불법이니 신고를 허용하면 안 된다고 항의해도 묵묵부답이었다. 심지어 공공운수노조가 몇 달씩 청사 로비 앞에서의 집회·시위 신고를 알박기해도 그냥 인정했다. 오죽하면 경찰의 시위 처분에 대해 가처분 신청을 법원에 내려고까지 했다. 경찰에 강력한 조치를 요구하면 노동 친화적 정부 때문에 자신들도 어쩔 수 없다는 말도 안 되는 변명만 했다. 정말 이래도 되는 걸까, 분통이 터졌지만, 도리가 없었다.

해를 넘긴 2020년에도 공공운수노조는 시위를 멈추지 않았다. 2020년 1월, 대구에서부터 미증유의 코로나19가 광범위하게 확산하자, 정부는 감염병 예방을 위해 개인 간의 거리두기와 집합금지 명령을 내렸다. 국가적 재난 상황 극복을 위해 전 국민의 거리두기 준수가 필요하기에 공공운수노조도 시위를 중지하고 관망할 것으로 기대했다. 초기에는 노조도 집합 금지에 협조하여 시위를 자제했으나 기대와는 달리 3월이 되자 다른 형태의 시위를 시작했다. 일명 '3보 1배 시위'로 매일 조합원 30여 명이 줄지어 현수막을 들고 북과 징을 치며, 세 걸음당 한 번씩의 절을 하고 구호를 외치며 청사 주변을 돌다가 막판에는 도청 로비 앞에 집결해 입에 담기 힘든 야유와 욕을 하며 시위를 끝낸다. 때로는 도청에서 민주당사까지 도심 행진을 병행하면서 끈질기게 시위를 이어 나갔다. 감염병법 위반으로 고발하고 예방 조치를 요구했으나 경찰은 역시 외면하고 노조는 대놓고 무시하며 시위를 멈추지 않았다.

도청사 난입 시도

불법적이고 일상적인 시위를 진행하던 중 2020년 4월 24일, 민주노총 전북본부장과 2명의 노조 간부가 도지사 비서실을 무단 점거하고 도지사와의 대화를 요구하며 농성을 시작했다. 비서실은 도지사가 부재중이니 나중에 사전 약속을 하고 정식으로 요청하라고 안내했으나, 그들은 막무가내였다. 청사의 야간 방호를 위해 어쩔 수 없이, 오후 6시 이후에 3회의 퇴거 명령을 내렸으나 그들은 도지사를 만나기 전에는 절대 나갈 수 없다며 거부했다. 강제로 퇴거시키면 노조는 도청과 전면전을 벌일 거라는 협박과 담당 경찰의 염려에도 불구하고, 청사의 안전 관리를 위해 어쩔 수 없이 그들을 강제 퇴거시켰다.

강제퇴거 조치로 사태는 긴박해졌다. 민주노총은 정규직 전환과 단체협약이라는 본질과는 무관한, 노조 간부의 강제퇴거에 항의하며 지역의 다른 사업장 노조원들을 동원해 4월 25일부터 도청 진입을 위해 건물 입구에 진을 치기 시작했다. 100명이 넘는 지역의 민주노총 조합원들이 매일 도청 후문 입구에서 농성하고 집회를 개최하며 도청사로의 무단진입을 지속해서 시도했다. 도청 직원의 출퇴근은 물론, 여권 발급과 각종 민원 처리를 위해 수천 명이 드나드는 도청사이지만, 코로나 방역을 위해 출입구를 하나로 줄였는데 이제는 그 문마저 출입이 어려워졌다.

노조원들은 도청 난입 시도를 저지하는 청원 경찰과 도청 직원들에게 심한 조롱과 욕설을 퍼붓기도 하고 때로는 무리한 진입 시도로 현관문을 파손했다. 불법행위 현장을 증거로 남기기 위해 사진을 찍자, 출입문을 파손했던 노조 간부는 다음 날 출입구 밑으로 10만 원이 든 흰 봉투를 두고 사라졌다. 기물 파손에 의한 형사처벌을 피하기 위한 수리비 명목 같았으나, 정중히 돌려주고 불법행위에 대한 방어와 증거 수집을 계속했다.

기물 파손에 대한 손해배상청구소송은 노동기본권 행사를 가로막는 악습이라고 비난받지만 어쩔 수가 없었다. 그것 외에는 소극적이고 사후적인 방어조차 할 수 없기 때문이었다. 도민 전체를 위한 행정 서비스를 제공해야 하는 도청사가 특정 이익단체에 의해 몇 달씩 유린당해도 적극적인 자기방어조차 할 수 없을 정도로 공권력은 무기력했다. 도대체 어디서부터 문제를 해결할 수 있을까? 노조의 권리는 무소불위인가.

창문 너머 여권 발급

일상 업무와 코로나 방역 업무에 더해, 매일 청사 방호에 동원된 직원들은 파김치가 되었고, 급기야 그들의 폭력적인 진입 시도로 부상자까지 속출해 병원으로 실려 갔다. 그래도 각종 인허가와 사업 관련 민원 처리를 해야 하는 도청의 기능은 멈출 수가 없었다. 상당수 업무와 민원은 사전에 약속하거나 밖에서 처리할 수도 있지만, 여권 발급은 그렇게 할 수가 없었다. 물론 전주시나 다른 자치단체에서 발급할 수 있다고 안내할 수도 있으나, 도청을 찾는 민원인을 시위를 이유로 돌려세울 수는 없기 때문이었다.

여권 발급을 위해 도청에 온 민원인은 일단 시위대의 소란과 저지로 불편함과 위협을 느낀다. 코로나 방역과 시위 방어를 위해 민원실에 가까운 출입문을 막고 멀리 돌아가야 한다고 안내하면 애꿎은 공무원에게 화를 내기도 한다. 도청의 안전과 업무의 지속성을 위해 불가피하다는 설명으로 양해를 구하지만, 대부분 민원인은 불쾌감을 감추지 않는다. 여권 신청을 마치고 나가면서도 밖에서 출입구를 막고 있는 시위대 때문에 마음이 편치 않다. 민주노총의 시위가 쉽게 끝날 것 같지 않아 새로운 여권 발급 대책을 세워야 했다.

다행히 민원실은 건물 서쪽 끝 1층에 위치하여 창문이 청사 밖으로 바로 나 있다. 민주노총이 점거 농성 중인 시위 현장과도 멀리 떨어져 있다. 여권 신청이나 발급을 위해 굳이 청사 내부로 들어올 필요 없이 창문을 통해 외부에서 신청하고 내부에서 처리하여 다시 창문을 통해 발급해주면 된다. 일단 여권 발급에 필요한 책상과 컴퓨터, 지문 확인 장비를 창문 옆으로 옮겼다. 청원 경찰에게 안내를 부탁하고 〈창문 여권 발행 안내문〉을 모든 민원실 출입문에 붙여 공지했다. 결과는 매우 성공적이었다. 창문을 통해 여권을 신청하거나 받아 가는 민원인들은 색다른 경험을 귀찮아하지 않았고 오히려 공무원의 최선을 다하는 노력이 고맙다고 했다. 다행히 민주노총도 주민 편의를 위한 노력에 딴지를 걸거나 방해하지 않았다.

알 수 없는 단식 농성

코로나가 기승을 부리며 온 국민의 삶을 위협하는 중에도 민주노총은 집요하게 시위를 이어갔다. 아침 출근 시간 전부터 청사 입구에 주차한 승합차 안의 확성기로 널리 알려진 노동가요를 크게 틀고, 도청 직원이나 조합원이 아닌 수십 명의 시위대가 출입구 앞에서 농성하며 막아서 일반 직원은 물론 민원인들마저 출입을 힘들게 했다.

하지만 계속된 코로나 방역 활동과 노조의 청사 진입을 막으면서 도청의 방호 역량도 점점 단단해졌다. 시위용 승합차 주차와 집회를 막기 위해 입구 주변 공간에 대형 화분을 설치하여 소음과 소란을 일부 차단했다.

장기간의 집회·시위에 부담을 느낀 민주노총도 물밑으로 경찰, 지역 정치권, 시민단체 등을 통해 도지사와 면담을 요청했다. 전북도청은 노조가 먼저 불법행위를 중단하고 재발 방지 약속과 사과를 해야 만날 수 있다는 답장을 했다. 민주노총은 농성을 풀기 위한 명분이 먼저 필요하다며 도지사와 무조건적 만남을 요구했다. 지역 국회의원과 지역 원로들의 노력으로 우여곡절 끝에 민주노총 전북본부장과 도지사가 만나 약 한 시간가량 각자 입장을 피력하고 원론적인 의견을 주고받았다.

나중에 빌미를 주거나 꼬투리를 잡힐지도 모르기 때문에 어떤 합의나 문서 없이 그냥 대화만 하고 서로 노력하자는 뜻만 나눴다. 소수 노조의 개별교섭권은 현재 진행 중인 헌법재판소의 판결을 봐가며 장기적으로 노력하고, 정규직 전환으로 임금이 하락하지 않도록 기간제 직원의 임금을 보전해주며, 상호 간의 고소·고발은 즉시 취하하고 필요하면 소통창구를 마련하기로 했다.

전북도청은 만남의 후속 조치로 고소·고발을 즉시 취하하고 공무직 전환으로 인해 생긴 일부 직원의 하락한 임금을 보전해줬다. 그런데 얼마 지나지 않아 공무직 노조가 개인에게 지급한 보상분을 회수하여 다시 도청에 반납하겠다는 소식이 들렸다. 도청은 만약 노조가 반납하면, 민간 기업에서와는 달리 반납금을 예산 세입으로 잡아 불용액으로 처리할 수밖에 없음을 알려주자 내부에 갈등이 생겼다. 여러 가지 소문이 무성했으나 크게 문제 되지는 않았다.

8월 24일, 갑자기 민주노총 소속 A는 도지사가 면담 약속을 지키지 않았다며 도지사실 앞에서 불법적인 기습 시위를 했다. 그는 매일 근무 시간도 아랑곳하지 않고 도지사실 앞에 앉아 농성과 피켓 시위를 이어갔다. 더 큰 충돌을 피하려 아무런 조치도 하지 않고 방어만 하며 지켜봤다. 그는 10월 19일부터는 거짓말쟁이 도지사는 약속을 지키라는 피켓을 옆에 세워두고 청사 후문에서 뜬금없이 단식 농성을 시작했다. 도대체 무슨 약속을 지키라는 것이냐고 물어도 묵묵부답으로 일관했다.

그의 단식 농성은 특이했다. 처음에는 청사 입구에서 텐트를 치고 밤샘 단식 농성을 한다고 하고서는 날씨가 쌀쌀해지면 청사 안으로 들어왔다. 사람들이 지적하자 청사 내로의 출입은 멈췄다. 새벽에는 농성장에서 벗어나 집으로 갔다가 출근 시간에 맞춰 돌아왔다. 그리고는 매일 단식 며칠째라는 플래카드를 기둥에 게시했다. 일주일이 넘어가자 건강이 염려되어 확인해 보니 전혀 문제가 없다고 했다. 사람들이 진짜 단식인지 의심하자 절대 음식을 먹지 않는다고 주장했다.

보름 뒤 그는 목숨을 건 단식투쟁이라고 홍보하고 몇몇 민주노총 간부들이 낮에 와서 동조 농성과 집회를 했다. 날씨가 점점 쌀쌀해지자 그는 난방을 위한 전력 공급을 요청했다. 청사 외부로의 무단 전력 공급은 화재 위험이 있고 불법이므로 할 수가 없다고 하자 도청을 비난하면서 다른 난방 도구를 사용했다. 20여 일이 지나자 그는 결국 피로를 호소하며 병원에 입원했다. 그러고는 치료와 회복을 위해 20일 동안 출근하지 않았다. 나중에 그는 목숨을 건 42일 동안의 단식투쟁을 했다고 대대적으로 홍보했다.

유례없는 관사 시위

도지사 집무실 앞에서의 시위가 효과를 못 거두자 민노총은 한옥 마을에 있는 도지사 관사 앞에서 사상 유례가 없는 장기 시위를 벌였다. 매일 오후 5시에 승합차 안의 확성기를 틀어 도지사를 비난하며 차마입에 올리기에도 민망한 그림을 걸기도 했다. 때로는 야간에 수십 명이 몰려와 촛불문화제라며 소란을 피우고, 가끔 금요일에는 길거리에서 영화 상영까지 했다. 전주의 대표적인 관광지이자 다수의 도민이 살고 있고 생업 활동을 하는 한옥마을에서 관광객이나 코로나로 인해 고통을 겪고 있는 자영업자들의 어려움은 아랑곳하지 않고 집회·시위를 계속했다. 그동안 많은 시위와 집회가 있었지만, 개인의 생활과 삶의 터전에까지 와서 사생활을 괴롭히는 이런 비신사적인 시위는 듣도 보도 못했다. 그야말로 불법 막장극의 끝판이었다. 경찰은 이런 스토

킹에 가까운 행동조차 막지 않고 수수방관했다.

노동자의 권리는 지켜져야 하고 사용자는 당연히 보장해야 한다. 전북도청은 노동자의 권리 보장을 위해 정부의 가이드라인과 당사자 간의 협의를 통해 비정규직의 정규직 전환을 원칙에 맞게 추진했다. 그러나 민주노총 공공운수노조는 코로나로 인해 사회적 거리두기가 시행되는 와중에도 계속 새로운 요구와 주장을 하며 불법 시위와 집회를 지속해서 반복했다.

그런데도 일부 지역방송은 노조의 주장만을 일방적으로 전하고 도청의 입장은 변명하는 수준으로 보도하는 경향을 보였다. 이미 사회적으로 거대 세력이 된 민주노총을 아직도 약자로 전제하고 또한 약자가 옳을 것이라는 프레임을 작동시킨 것이 아닌지 우려스러웠다. 전임 대통령이 이미 언급했듯이 민주노총은 더 이상 사회적 약자 집단이 아니다. 어쩌면 약자 코스프레로 집단의 이익을 위해 사회적 책임을 회피하는 힘센 이익집단에 불과할지도 모른다.

권위주의 시대에 노동자의 투쟁은 민주주의를 회복하는 데 큰 역할을 했다. 그들의 강고한 투쟁과 국민의 지지와 연대로 우리 사회는 한 걸음 더 나갈 수 있었다. 그러나 지금의 노조 행태는 안타깝게도 빛나는 역사를 구태로 만들고 있다. 첨단산업 시대에 줄어든 일자리에 대한 불안과 부당한 차별에 대한 생존권의 문제라면 이해할 수도 있겠지만, 조합원의 확보와 다수 노조 지위를 얻기 위해 공공기관의 기능을 마비시키는 불법행위가 과연 국민의 지지를 얻을 수 있다고 생각하는 것일까? 아니면 국민의 시선과는 상관없이 노조의 이익만 추구해도 된다고 믿는 것일까?

스피드 게이트 설치

정부세종청사와 광화문청사에는 건물 입구에 출입 통제 시스템인 '스피드 게이트'가 설치되어 있다. 민의의 전당인 국회의원회관에도 스피드 게이트는 설치되어 있고 심지어 민간회사의 건물에도 설치되어 있다. 스피드 게이트는 건물 방호와 보안관리를 위해 필수적인 시설 장치이다. 그러나 유독 지방자치단체 청사에는 설치하기가 힘들다. 하는 일이 중요하지 않거나 보안이 필요 없어서가 아니다. 도청사는 도민들이 언제나 마음대로 드나들 수 있어야 한다는 의식 때문이다.

특히 지방의원들은 청사의 주인이 지역주민인데 왜 마음대로 출입하지 못하고 통제받아야 하느냐고 결사반대한다. 용무가 있으면 언제든지 안내센터를 통해 출입할 수 있다고 설명해도, 왜 주인이 허락받아야 하느냐고 반대한다. 도청의 모든 예산은 도의회가 심의하여 의결하기 때문에 의원들이 반대하면 스피드 게이트를 설치하기 어렵다.

도청사에 아무나 제한 없이 출입할 수 있으니 공무원들은 온갖 악성 민원인에게 시달리고 다양한 잡상인에게 업무방해를 받기도 한다. 특히 야간에도 제한 없이 출입할 수 있어 청사 방호는 물론 야근 직원의 안전조차 보장할 수 없는 실정이다. 그러다 계기가 생겼다. 코로나 발생 초기에 확산의 원인으로 지목돼 곤욕을 치르던 A교단 지역대표와 간부가 도지사실에 무단으로 들어와 면담을 요구했다. 면담이 불발되자 며칠 후 야간에 그들이 다시 청사에 진입하려 했으나 사전 확인으로 막을 수 있었다. 그들은 엄중한 코로나 방역 상황에서도 종교차별을 중지하라는 메시지를 남기고 떠났다.

코로나 방역을 위한 청사 출입 제한 조치만으로는 무단출입을 막기가 어려워 청사 내의 스피드 게이트 설치를 검토했다. 필요성 검토와 업체선정, 제작 설치 과정을 아무리 단축해도 6개월이 넘게 필요했다. 일단 시간 단축을 위해 현재 사용 중인 청사 보안시스템과 호환이 되면서 신속하게 설치하는 방안을 모색했다. 그러나 장비 구입과 설치 기간 문제보다 먼저 의회를 설득해 예산을 확보하는 게 어려워 보였다.

코로나 방역을 위해 청사 출입을 제한하던 중, 갑자기 민주노총이 청사 점거 시위를 벌였다. 2주가 넘게 그들은 도청사 점거를 위해 매일 진입 시도를 했다. 이제 청사 방호를 위해 스피드 게이트 설치를 더 이상 주저할 수 없었다. 일단 윗선에 스피드 게이트의 설치 필요성과 방안을 보고해 동의를 구했다. 그리고 코로나 방역과 민주노총의 점거 시위 방호를 위한 위급한 조치가 필요해 예비비 사용이 가능했다. 예비비는 예기치 못한 재난 발생이나 갑작스러운 예산 필요가 생길 때를 대비하여 미리 편성한 예산으로 의회 동의 없이 미리 집행하고 결산 때 보고 한다. 사전에 설치 검토를 한 덕분에 발주 즉시 설비 확보가 가능했고 공사 기간도 단축할 수 있었다. 의회에는 사전에 스피드 게이트 설치 필요성과 계획을 설명했고 모두 다 찬성하지는 않았지만 크게 반대하지도 않아 문제가 없었다.

공사를 시작한 지 두 달 만에 스피드 게이트 설치가 완료됐다. 공사 중에 직원들의 불편 해소를 위해 신분증 목걸이를 제공했고 청원 경찰에게는 교육과 안내 관련 장비도 제공했다. 스피드 게이트 옆에 안내소를 설치하고 반대편에는 널찍한 휴게소도 만들어 사무실에 올라가지 않아도 방문객과 편하게 만날 수 있게 했다. 모든 게 순조로웠다. 나중에 일부 시민단체와 의회에서 문제를 제기했지만, 큰 문제로 발전되지는 않았다. 직원들은 일상에서 위험한 상황과 마주칠 일이 줄어 업무 효율성이 높아졌고 안심하며 일할 수 있어 크게 환영했다. 어둠이 있으면 빛도 있음을 보여주는 작은 사례였다.

| 6장 |

공무원은
동네북이 아니다

1

...

공무원에게 부정적인 낙인을 찍는다

말 한마디로 천 냥 빚도 갚을 수 있고 때로는 목숨을 잃을 수도 있다. 말은 한 번 뱉으면 주워 담을 수 없지만, 휘발성이 높아 잡아떼기도 쉽다. 주어가 없다는 어떤 정치인의 주장은 시치미 떼기의 백미다. 그러나 최근엔 전자기기의 발달로 쉽게 녹음하고 촬영할 수 있어 예전처럼 막말을 남발할 수 없게 됐다. 기술 발전이 거짓말과 막말로부터 사람의 권리를 보호한다. 이제는 낮말은 새가 듣고 밤말은 쥐가 듣는 것이 아니라, 모든 말을 휴대폰이 듣고 있다.

말보다 더 센 무기가 글이다. 펜은 칼보다 강하고 혀보다 치명적이다. 글은 세상에 내보내는 순간 쓰는 사람의 통제에서 바로 벗어난다. 때로는 폭력을 야기하고 낙인을 찍는 위험한 무기로 변한다. 글의 폭력성은 인터넷과 모바일 환경에서 댓글을 통해 노골적이고 직접적으로 드러난다. 악성 댓글은 몇몇 유명인의 목숨과 심약한 청소년의 생명을 거두어 갔다. 지금도 어떤 사이버 공간에서는 24시간 내내 실시간으로 날름거리는 뱀의 혀처럼 악성 댓글이 창작되고 있다.

세 사람이면 없는 호랑이도 만들고 (삼인성호 三人成虎),
대중의 입은 쇠도 녹인다 (중구삭금 衆口鑠金).

가짜 뉴스를 생산하고 전파하는 사람들의 신념은 무엇일까? 글로찍은 낙인은 사실 여부와 상관없이 부정적 이미지를 강화한다. 인지과학자 조지 레이코프(George Lakoff)가 주장한 프레임 전쟁은 정치집단 간의 낙인찍기 전략을 설명한다. 이슈를 선점한 상대방의 주장을 반박하면 할수록 그 이슈에 매몰되는 역설이 프레임 이론이다.

그들에게 갈등은 권력 쟁취를 위해 지지층을 확대하는 과정이다. 그러나 정치적 이해관계와 무관하게 언론과 정치인은 공무원에게 낙인을 찍는다. 자연 재난이나 충격적인 사회 문제가 생기면 사회적 허탈함, 분노와 불안감 해소를 위해 희생양을 찾아야 한다. 그래서 공무원은 그야말로 화풀이 대상으로 동네북이 되기도 한다. 무사안일, 복지부동, 철밥통, 부정부패 등의 단어는 대부분 국민에게 공무원을 떠올리게 한다.

...

공무원도 영혼이 있다

공무원은 자기 소신과 판단 없이 윗사람이 시키는 대로만 움직이고 일한다. 항상 사무실 바닥에 딱 붙어 움직이지 않고, 시키는 일 이외에는 아무 일도 하지 않으며 편하게 지낸다. 당연히 창의성도 없고 전문성도 없다. 책임감이나 의무감은 더 말할 나위도 없다. 공무원은 그냥 좀비다. 이처럼 무자비한 비난이 공무원은 무섭다. 세금만 축내는 공공의 적이 된 공무원은 백만 명이 넘고, 해마다 9급 공무원 시험에 아직도 40만 명이 넘게 지원하고 있다. 부정적 이미지에도 불구하고 수많은 학생과 청년이 공무원이 되기를 열망하고 있으니 아이러니하다. 심지어 멀쩡히 다니던 대기업을 때려치우고 노량진이나 신림동을 전전하기도 하고, 대기업에서 명퇴하고 56세에 9급 공무원으로 재취업하기도 한다.

매년 상반기 청년 실업률은 공무원 원서접수 덕분에 줄어든다. 좀비가 될 수 있는 위험에도 불구하고 청년들이 몰리는 이유는 직업의 안정성이 높기 때문이다. 공무원은 정년이 보장되고 퇴직 후 연금까지 받으며 사회에서 인정받는 직업이라 사람들은 욕하면서도 원하는 양가적 감정을 보인다. 공무원이 영혼이 없다는 말은 일반적으로 공직 윤리나 소신 없이 상사가 시키면 시키는 대로 따르는 태도를 비난하는 것이다. 특히 불법 부당한 지시를 알면서도 따른다고 비난한다. 설마 그런 일이 지금도 있다고 믿는 사람이 있을까?

민간 기업에서 일한다고 반드시 영혼이 있을까. 어떤 조직이든 목표가 있고 목표 달성을 위해 조직은 기능적으로 움직인다. 잘 짜인 위계질서 아래서 각자의 소임을 수행해야 조직이 정상적으로 작동될 수 있다. 막말로, 조직에서는 시키면 시키는 대로 해야 한다. 그렇지 않으면 조직의 쓴맛을 각오해야 한다. 부당한 지시라고 생각해 이행을 거부하면 즉각 해고당할 수도 있다.

해고는 생계와 생존의 기반을 무너뜨리기 때문에 절망적이다. 설령 법원의 판결로 복직이 허용돼도 이후의 직장생활은 가시밭길이다. 땅콩회항사건의 피해자인 항공기 사무장이 업무 복귀 후 받은 스트레스는 영혼마저 파괴하고 있음을 보여준다. 반면에 물의의 당사자는 다시 주인으로 복귀하고 그 동생은 회의 중 광고업체 직원에게 물을 뿌리는 화려한 퍼포먼스를 보여줬다.

기업에서 해고는 구조조정이라는 이름으로 일상화됐다. 때로는 희망이 전혀 없는 희망퇴직을 강요한다. 누가 감히 이런 무시무시한 위험을 무릅쓰고 순수한 영혼을 지키기 위해 지시를 거부할 수 있을까. 오히려 공무원이 소신을 지키기에는 더 좋은 조건이다. 헌법에 공무원의 신분과 정치적 중립성이 보장되어 있기 때문이다. 공무원은 국민 전체에 대한 봉사자이고 국민에게 책임을 져야 하므로 정권 교체나 정치변동에 영향을 받지 않아야 한다. 그러나 헌법의 국민 봉사자라는 표현 때문에 어떤 사람들은 가끔 공무원을 정말 봉건시대 머슴처럼 생각하고 함부로 대한다.

지방자치가 부활해 민선 단체장이 선출된 뒤부터 일선 현장 공무원의 고행이 시작됐다. 공무원의 업무 환경변화는 정보통신 기술의 발전과 시민의식의 고양도 중요한 요인이다. 선거 기간 중에 큰 일꾼, 상머슴 등을 외치며 당선된 단체장은 취임하면서 시장실을 1층으로 옮긴 경우가 많다. 시민과의 만남을 원활히 하고 언제든지 사무실이 열려있다는 것을 강조하기 위해서다. 시장은 시청 공무원들에게 무조건 주민을 섬기고 주민과 맞서지 말라고 지시한다. 심지어 부당한 민원 내용으로 시장실을 방문한 주민의 마음을 풀어주기 위해 정당한 업무 집행을 한 공직자를 불러 눈앞에서 나무란다. 민원인이 떠나면 담당 직원을 향해 어쩔 수 없으니 이해를 바란다며 웃음으로 퉁친다.

과연 민주주의 사회에서 공무원은 시민들에게 복종하고 봉사하는 머슴인가? 공무원은 국민의 봉사자지만 한편으로는 똑같은 기본권의 주체인 시민이기도 하다. 공무원에게 더 많은 윤리의식과 도덕성이 필요한 건 사실이지만 시민과 주종관계를 맺어 떠받들어야 하는 것은 아니다.

공무원은 시민과 특별권력 관계에 있지 않다. 그러나 정권이 바뀌거나 사회적 위기가 발생하면 맨 먼저 개혁의 대상으로 거론되는 대상이 공무원이다. 개혁의 대상, 비효율의 대명사, 사건 사고의 원흉, 무사안일, 복지부동이라는 말로 구조적인 문제나 다른 측면의 문제를 덮어 버린다. 언론과 정치인이 앞서거니 뒤서거니 왜곡의 프레임을 씌워 여론을 호도하면 공무원은 좀비가 된다.

공무원이 국민의 봉사자라고 해서 국민의 기본권마저 제한된 것은 아니다. 그러나 현실은 공무원의 정치적 중립이라는 그럴듯한 이름으로 표현의 자유, 정당 가입의 자유, 노동쟁의의 자유를 제한받고 있다. 일부 공무원의 불친절한 태도나 법적·도덕적 일탈은 비난받아 마땅하다. 책임질 일이 있으면 더 무겁게 처벌도 받아야 한다. 그러나 모든 공무원을 싸잡아 감정적으로 욕하는 것은 부당하다. 고시오패스(고시생과 싸이코패스의 합성어)라는 말을 들어가며 어렵게 합격한 3년 차 공무원의 푸념은 가슴 아프다.

"세금 도둑, 놀고먹는 직업이라고 주변 친구들은 물론 온 국민이 욕하는 직업을 갖게 된 것이 정말 좋은 일인지 모르겠다."

외부의 따가운 시선 못잖게 공무원 내부 생활도 편하지만은 않다.

법적으로 신분이 보장됐다고 늘 마음 편히 지낼 수 있는 것도 아니다. 공무원도 1년에 두 번 근무 성과평가를 받는다. 직급에 따라 정해진 근무평가 누적 점수를 합산해 승진 후보자 순위가 정해지기 때문에 대부분 공무원은 근평에 목을 맨다. 그래서 자신의 근평을 책임지는 직속 상사에게 휘둘리기 쉽다. 실제로는 단체장이 근평 순위에 무관하게 승진자를 임의로 결정하기 때문에 공무원은 단체장이나 그의 측근에 줄을 대기 위해 분주하게 된다.

근무평가와 별도로 공무원은 1년에 한 번 성과평가를 통해 성과상여금을 차등 지급 받는다. 성과평가 제도는 공직 사회의 무사안일을 타파하고 직원 간의 경쟁을 통해 효율성을 높이겠다는 취지로 도입했으나, 오히려 공무원의 갈등을 키우는 역효과를 보였다. 최근에는 공무원노조조차 직원들의 투표로 베스트 간부와 워스트 간부를 뽑고 있어 간부들을 긴장케 한다. 간부평가 투표는 상사에게 자기 성찰의 기회를 제공한다는 순기능이 있지만, 특정 상사를 망신 주는 인기투표가 되는 역기능도 크다.

공무원에 대한 내부 평가는 1년에 두 번이지만, 의회와 언론의 외부 평가는 거의 매일 이루어진다. 지방의회가 유급화된 이래로 지방의회는 업무보고, 현장점검, 결산, 사무감사, 예산 심의 등의 내용으로 매월 열린다. 거의 상시화된 지방의회는 행정의 견제와 감시라는 측면에서 타당성을 찾을 수 있지만, 부작용도 심각하다. 행정은 전년도에 의회가 의결한 예산을 순차적으로 집행하기 때문에 매월 새로운 사업이나 확인할 업무가 많지 않다. 행정의 집행 실적이 전 회기와 비슷하니 위원회는 언론 보도나 민원을 확인하는 수준의 회의를 사무 감사하듯 진행한다. 의원의 이해관계가 걸린 사업에 대해서는 괜히 생트집을 잡거나 예산 등을 볼모로 무리하게 추진하기도 한다.

공무원도 직장인이다

공무원에게 엄격한 사회적 시선은 가끔 공직도 개인의 생계와 자아실현을 위한 하나의 직업이라는 사실을 간과한다. 민주주의 사회에서 공무원은 더 이상 왕조시대의 벼슬아치가 아니고 마음 놓고 백성을 수탈하는 탐관오리도 될 수 없다. 헌법 7조는 공무원을 '공무원은 국민 전체에 대한 봉사자이며, 국민에 대하여 책임을 진다'라고 정의한다. 지속적인 공공서비스 제공을 위해 공무원의 신분과 정치적 중립성 역시 헌법에 보장되어 있다.

공무원도 다른 국민과 마찬가지로 일을 통해 돈을 벌고 개인의 보람도 찾는 직업인이다. 문제는 공익보다 사익을 먼저 챙기는 일부 공무원이다. 헌법상 공무원은 특정 개인의 이해관계가 아닌 공동체 전체의 가치 실현을 위해 일해야 하기 때문이다. 일부 민원인이 개인적 이익을 위해 억지를 부리면서 공무원에 대해 혈세 낭비 운운하는 것은 온당치 않다.

혈세라는 말도 이제는 다시 생각해볼 때다

혈세라는 표현은 국민이라면 마땅히 부담해야 할 세금이 마치 아직도 국민을 수탈하는 수단처럼 느끼게 만들고 공무원을 탐관오리로 바라보게 한다. 세금은 국가 존립의 기본이자 미래를 위한 투자이다. 조세제도가 불공정하면 민심이 들끓고 나라가 어지러워진다. 몇 년 전에 연말정산 제도가 소득공제에서 세액공제로 바뀌면서 국민의 부담이 조금 늘자 일어났던 조세 저항 사례를 겪지 않았는가?

혈세라는 말은 세금을 부정적으로 생각하게 하고 행정기관에 대한 불신을 조장하는 프레임을 짠다. 되도록 세금이라는 중립적 표현을 사용하고 미래를 위한 투자로 여겼으면 좋겠다. 행정의 불신을 조장하는 혈세를 낭비하는 공무원이라는 말도 자제해야 한다. 행정이 세금을 낭비하는 것은 국민에 대한 책임을 다하지 못한 거로 반드시 개선해야 하지만, 공무원에게 반복해서 낙인찍어서는 문제가 해결되지 않는다.

...

돈을 쓰는 행정과 돈을 벌어야 하는 경영은 원칙이 다르다

몇 년 전 직업의 이해라는 강의를 한 적이 있다. 강의를 수락한 뒤 무슨 내용을 어떻게 전달할지 고민이 생겼다. 며칠 동안 공무원에 대해 진지하게 고민했다. 고민 끝에 '공무원은 돈을 벌기 위해서가 아니라 국민을 위해 돈을 쓰는 유일한 직업이다'라는 결론에 이르렀다.

한때 '요람에서 무덤까지'라는 구호로 알려진 북유럽 복지국가를 부러워했지만, 지금은 많은 나라가 한국의 복지 제도에 경탄한다. 한국의 복지 제도는 난임 부부의 인공수정은 물론 장례공원의 조성과 관리까지 지원한다. 한국의 행정은 '쓰레기 수거부터 인공위성 발사'까지 넓고 다양한 일을 한다. 공무원은 전문성과 능력에 따라 사회 모든 분야에서 국민을 위해 마음껏 일할 수 있는 직업이다.

공무원에게 영혼이 없다는 비난은 역으로 생각하면 공무원은 영혼을 갖고 일해야 한다는 의미가 된다. 어느 유튜버는 돈을 벌기 위해 영혼을 갈아 넣는다고 하는데, 공무원은 돈을 잘 쓰기 위해 가끔은 영혼을 불살라야 한다.

기업은 사정이 다르다. 기업의 최고 목적은 돈을 버는 것이다. 국가와 국민을 위해서가 아니라 회사의 존속과 회사 주인과 주주를 위해서 돈을 벌어야 한다. 돈을 벌기 위해 노력하면서 결과적으로 다양한 일자리도 만들고 혁신적인 연구개발로 획기적인 제품을 생산한다. 일자리 창출과 새로운 제품 개발이 애덤 스미스가 말한 시장에서의 보이지 않는 손의 역할이다.

기업은 시장을 통해 국민의 편익 증진과 기술 발전에 중요한 역할을 한다. 하지만 기업은 어디까지나 이익을 위해 움직인다. 이익 창출이 기업의 존재 이유이다. 회사가 수익을 내지 못하면 일자리를 지속해서 유지할 수 없다. 지금처럼 시장에서의 경쟁이 치열해 수익구조가 어렵게 되면 기업은 비용 절감을 위해 제일 먼저 사람을 줄인다. 희망퇴직이라는 미명으로 구조조정을 일상화하고 남은 자리도 비정규직 직원으로 채우려고 한다. 이런 상황은 청년들을 공무원 시험에 더 매달리게 만든다.

예전에 대기업은 매년 신입사원들을 집단으로 채용해 1년간 연수를 시켰다. 신입사원들은 기초 교육과 현장 활동을 경험한 후 각각 계열사에 배치되었다. 회사에 필요한 인력을 회사 비용으로 선발하고 교육해 회사가 필요한 인재로 만들어갔다. 지금은 달라졌다. 신입사원보다는 경력사원을 선호하고 신입사원도 사전에 저임금 인턴사원으로 채용해 일을 시켜본 후 선별해 정규직으로 고용한다.

드라마 미생은 인턴사원 장그래를 통해 완성하지 못한 청년들의 삶을 생생하게 보여준다. 완성을 꿈꾸는 청년들은 취업절벽에 가로막혀 고통받고 있다. 이생망, 헬조선, 올포세대, 출산율 감소, 자살률 1위 등의 지표가 그들의 절망적 심리상태를 잘 보여준다. 어떤 재벌기업은 입사한 지 몇 개월이 안 된 신입직원까지도 희망퇴직 신청을 받아 사회적 물의를 일으켰다. 그 파장이 끝나기도 전에 그 기업은 재벌 4세에게 기업의 경영권을 물려줬다. 퇴행적 자본주의라고 부르는 세습자본주의가 만연하다.

우리나라는 미국이나 다른 선진국과 달리 대기업 경영자의 75% 이상이 부를 세습 받았다는 통계가 있다. 영국의 경제학자 토마 피케티는 그의 저서 21세기 자본에서 광범위한 역사자료 분석을 통해 자본주의가 혁신이 아니라 세습으로 흐르고 있다고 주장했다. 아무도 자본가를 견제하지 않고, 할 수도 없으니 어처구니없는 상속자를 위해 그 회사의 직원들은 견마지로(犬馬之勞)를 다해야 한다. 그러고도 모자라 대신 감옥까지 간다. 맷값 폭행, 땅콩 회항, 세금 포탈, 뇌물, 혼외자 자진신고, 운전기사 괴롭히기 등 상상을 뛰어넘는 일탈을 해도 그들은 꿋꿋하게 자리를 지킨다. 물론 대다수 직원은 그들을 제대로 대면할 기회조차 없을 것이다. 물의를 일으켜 언론에 나온 그들을 그저 안주 삼아 쓴 소주 한잔하며 자신의 미래를 걱정할 뿐이다.

시장의 실패를 넘어 체제의 위기로까지 치닫는 자본의 일방성과 퇴행성을 막기 위해 정부는 시장에 적극적으로 개입한다. 그런데 이상주의적 자유방임주의자들은 정부의 개입이 정부실패를 부른다고 비판한다. 시장실패를 해결하지도 못하고 오히려 규제만 강화하여 기업의 효율성을 떨어뜨리니 시장의 자율기능에 맡기는 것이 최선이라고 주장한다. 그리고 낙수효과를 또 거론하니 뻔뻔스럽다. 그들은 독점, 과점, 불공정 경쟁, 기술 가로채기, 문어발식 확장으로 경제생태계를 파괴한다.

몇 년 전 전라북도는 지역의 경제 활성화 명목으로 재벌그룹 임원출신을 경제부지사로 임명했다. 그러나 공직에 민간 전문가 기용이라는 실험은 기대에 미치지 못한 성과와 지역 언론과의 불화 때문에 짧은 시간 만에 실패로 끝났다. 그 경제부지사는 처음 도지사 주재의 간부 회의에 참석한 후 공무원에 대한 자신의 편견이 근거 없음을 느꼈다고 말했다. 생각보다 회의 분위기가 자유로웠고 도지사에게 간부들이 자기 의견을 주저 없이 말하는 것이 신선했다고 했다.

사주 앞에서 자기 의견을 내세우기 어려운 기업에서는 상상하기 힘들고, 자칫 잘못 말하면 즉시 자리까지 빼야 하는 위험이 있다고 한다. 회사 지분율이 10%도 안 되는 회장이 회사의 주인이라고 할 수 있는가? 재벌가의 행태를 고발한 책에 나오는 '회의 중 화장실 가는 것을

피하려 회의 전에 과도한 수분 섭취를 자제하고 반대 발언을 삼가라.'
는 구절이 지나친 과장이 아님을 확인할 수 있었다.

도청이 지원하는 또 다른 기관에 역시 재벌그룹 임원 출신을 기관
장으로 임명한 적도 있다. 그는 중간관리자가 자신에게 보고하지 않
고 돈을 지출하는 것을 보고 혹시 민간 출신인 자신을 무시하는 것은
아닌지 의심에 빠졌다. 공무원은 전결 규정의 범위 안에서 업무담당
자가 규정에 따라 예산을 지출하지만, 기업에서는 집행 전에 반드시
부서장에게 보고부터 해야 한다는 것이다. 공무원도 상사가 결재하면
서 확인할 수 있는데 그는 이해하지 못했다. 그도 공무원 관료제가 잘
조직되고 생각보다 소신 있게 일할 수 있는 환경이 조성되어 있음을
확인했다고 말했다. 그들의 경험이 모든 것을 말해주지는 않겠지만
아마도 공무원의 업무 재량범위가 기업보다는 넓은 것처럼 느껴졌다.

행정의 재량권은 제멋대로다

관료주의 아래서 공무원에게 대쪽 같은 소신을 기대하기는 어렵다. 공무원뿐만 아니라 어느 조직이든 지시받는 사람은 상사의 태도나 의견에 영향을 받는다. 조직 하급자의 무소신은 개인적인 성향보다는 조직의 구조적 특성에서 유래한다. 공직은 위계적인 관료제로 구성되어 있다. 통솔의 범위와 업무의 양과 정도에 따라 위계 단계를 정하고 각 부서와 개인에게 책임과 권한을 위임한다. 관료제의 핵심은 위임이다. 위임은 신뢰가 전제되지 않으면 실현되기 어렵다. 아무리 제도가 정비되어 있어도 현실이 따르지 못하면 취지를 살릴 수 없다. 위임을 해도 위임받은 권한을 제대로 행사할 수 있는 재량이 극히 제한된다는 게 문제다. 재량이란 법령이 보장하는 범위 내에서 업무 당사자가 자기의 직업적 생각과 판단에 따라 일을 처리하는 것을 의미한다.

그러나 규정과 달리 재량은 상사의 취향에 따라 일차적으로 제한되고 예산을 심의 의결하는 의회, 심지어 여론을 형성하는 언론에 의해서도 영향을 받는다. 문예진흥기금 같은 사회단체 보조금 지원 사업은 이해당사자의 민원으로부터도 자유로울 수 없다. 재원은 한정되어 있고 원하는 곳은 많기 때문이다. 최근 지방재정법의 개정으로 지원 근거가 없으면 어떤 경우에도 보조금을 지원할 수 없지만, 아직도 다양한 편법이 난무하고 있다. 보조금을 신청한 개인이나 단체는 선정에 영향력을 행사할 수 있는 누구라도 찾아 힘을 쓰려한다. 그런 사람들은 심사에서 떨어지게 되면 심사의 공정성이나 절차의 하자를 들어 다시 민원을 제기하는 뒤끝을 보이기도 한다. 다른 신청자들도 자기들처럼 사적 연고를 통해 지원받게 되었다고 지레짐작하기 때문이다. 아직도 개인의 이익을 위해 로비나 편법적 수단을 동원하는 일이 수그러들지 않고 있다.

의심, 갈등 그리고 후진적인 지대 추구행위는 신뢰라는 사회적 자본축적을 어렵게 만든다. 사회적 자본은 사람들 사이에 협력을 가능케 해주는 제도, 규범, 신뢰, 네트워크 등의 모든 사회적 자산을 의미한다. 우리가 부러워하는 선진국은 소득이 높고 신뢰가 바탕이 된 시스템을 유지하고 있다. 우리도 공동체 구성원이 청렴해지기만 해도 추가적인 일정한 경제 성장을 달성할 수 있다. 사회적 자본축적을 위해 공무원의 이해관계에 따른 결정과 자의적 판단은 단호히 감시하고 배격해야 한다. 공적 신뢰의 파괴는 사회적 불신의 조건이자 기폭제가 될 수 있기 때문이다. 대다수 후진국은 공직부패가 만연하다는 특성을 보인다.

공무원의 재량이 제대로 보장되지 않는 현실은 내부 회의나 토론과 정에서도 확인할 수 있다. 공무원의 회의 장면을 보면 대부분은 상사가 일방적으로 말하고 참석한 나머지 사람은 노트에 열심히 받아 적기만 한다. 모든 말을 토씨 하나까지 깨알같이 적는 사람도 있고 그냥 적는 시늉만 하는 사람도 있지만, 적는 행위를 통해 충성심을 보여주겠다는 의지는 모두 같다. 자유로운 분위기에서 적극적인 토론으로 더 나은 결론을 얻어내는 것이 아니라 일방적인 지시와 무조건적인 수용만 있다. 답은 정해져 있으니 무조건 따르라는 암묵적인 분위기 속에서 실행 책임과 전문성이 있는 당사자는 회의가 빨리 끝나기만을 바랄 뿐이다.

중앙정부가 쌍방향 소통을 강조하는 정부 2.0, 정부 자료와 정보를 활용한 새로운 사업 기반을 창조하는 정부 3.0 등의 시책을 계속해서 추진하고 있지만, 공직 내부에서조차 쉽게 변하지 않는다. 불필요한 잦은 회의를 줄이기 위해 회의 내용 사전 고지, 참석 인원 제한, 회의 시간 단축, 화상회의 활용 등 다양한 방법을 동원하지만 쉽게 나아지지 않는다. 보여주기식 전시행정과 떠넘기기식 책임 전가 행태를 타파하지 않는 한 회의와 보고의 악순환은 끊을 수 없다. 실효성 없는 회의를 열지 않는 게 최선이나 불가피하면 회의 총량 규제라도 해야한다.

조직이나 기관에 소속된 구성원은 상사의 일방적인 지시에 따라 일할 수밖에 없다. 상사의 눈 밖에 나면 인사와 금전상의 불이익을 피할 수 없기 때문이다. 이런 현상은 공무원 조직과 민간조직이 특별히 다르지 않다. 그러나 언론과 여론은 유독 공무원들이 심한 것처럼 비판한다. 아마도 시민단체나 언론의 행정정보공개 요구와 감시 강화로 언제든지 모든 행정자료를 열람할 수 있어 부각 되는 면도 있을 것이다. 민간 기업에서 발생한 횡령, 배임, 세금 포탈의 규모에 비해 공무원의 비리 규모는 작지만, 사회에 미치는 파급효과가 크기에 엄중하게 책임을 묻는 것은 당연하다.

행정 내부적 측면에서 보면 정치적으로 임명된 고위직의 경우 임명자의 마음에 따라 언제든지 잘리거나 무시당할 수 있으므로 소신을 갖기 어렵다. 공채로 입문한 중하위직 공무원도 승진 기간이 민간 기업에 비해 길고 경쟁이 치열한 탓에 순종적이다. 행정고시에 합격해 5급 사무관으로 임명된 후, 4급 서기관으로 한 계급 진급하는데 평균 대략 10여 년의 긴 세월이 필요하다. 비슷한 시기에 사기업에 취업한 친구들은 사원으로 시작해서 부장까지 진급하는데, 고시까지 합격해서 아직도 사무관이냐고 묻는 친구들이 많다.

지방자치제도의 부활은 민주주의의 쾌거였지만 자신의 재량범위 내에서 소신 있게 일하던 공무원에게는 재앙이 됐다. 단체장의 선거 캠프에서 활동하던 사람들이 공직까지 침투해 행정을 쥐락펴락하고 있기 때문이다. 일단 선거 때, 반대편에 섰던 사람과 단체는 무조건 배척 대상이다. 아무리 전문성이 높아도 관련된 위원회에 낄 수 없고 참여할 수도 없다. 반대로 같은 편에서 함께했던 사람은 특별한 하자가 없으면 우선 고려 대상이 된다. 선거에서 치열하게 싸웠더라도 선거가 끝나면 당선자는 유권자 모두의 대표이므로 통합의 깃발을 들어야 하지만 공염불에 불과하다.

지금도 선거는 승자 독식의 제로섬 게임이다. 당선자가 행정서비스의 권한과 책임을 모두 지겠다는 태도라면 환영할 일이지만 자리와 권력의 독점을 의미하니 문제다. 선거는 과열되기 쉽고 부정부패의 유혹은 호시탐탐 기회를 노린다. '원숭이는 나무에서 떨어져도 원숭이지만 정치인은 선거에서 떨어지면 사람도 아니다'라는 말은 그저 비유나 농담이 아닌 지극히 현실적인 표현이다. 선거에 승리한 단체장은 비선 라인을 통해 담당 공무원의 재량범위에 있는 사소한 일까지 직·간접적으로 개입한다. 설령 업무 당사자가 거절한다 해도 다른 사람이나 다른 경로로 진행한다.

재량의 무력화는 은밀하게 이루어지기 때문에 대놓고 반대할 수도 없고 막을 수도 없다. 지방공무원은 단체장에게 한번 찍히면 적어도 8년 정도는 한직을 전전하고 진급조차 어려워지니 도리가 없다. 내부고발하면 되지 않느냐고 반문할 수 있지만, 과거 내부고발자의 지난한 행로를 보고 과연 누가 나서겠는가?

공무원의 소신 있는 의사결정과 신속한 일처리를 위해 공정한 인사제도, 정책실명제, 옴브즈맨(ombudsman) 제도 등을 도입해도 단체장의 부당한 간섭을 막기 어렵다. 선거직의 특권 제한, 정당 공천과 선거제도 개선, 유권자의 엄격한 투표 심판, 불법행위에 대한 엄중한 처벌이 그나마 효과가 조금 있을 것 같은데 이 모든 권한을 국회가 독점하고 있으니 누가 고양이 목에 방울을 달 수 있을까?

칸막이 구분은 조직 원리다

A군에서 성황리에 진행 중인 코미디 공연을 적극적으로 지원하라는 군수의 지시로 관련 부서 간 회의가 열렸다. 극단은 신속한 지원에 대해 기대를 잔뜩 했지만, 군청은 오랜 논의 끝에 황당한 결론을 통보했다. 코미디 극장 지원은 일단 축산과에서 하기로 했다고. 그 이유는 공연 제목이 '개나 소나 콘서트'이고 실제로 반려동물이 많이 참석하니 가축을 담당하는 축산과가 맡아야 한다는 것이다. 행정의 책임 떠넘기기의 대표적인 행태로 회자되는 이야기다.

일반적으로 행정관청에 출입하는 민원인들은 민원을 한 번에 원스톱으로 처리하지 않고 여러 부서를 뺑뺑이 돌게 한다고 불평한다. 이러한 사례를 접한 언론은 부서마다 각각 칸막이가 쳐져 있어 업무의 효율성이 떨어지므로 칸막이를 털어내야 한다고 전문가의 말을 빌려 지적한다. 한편으로는 맞고 한편으로는 틀린 말이다. 조직을 다양한 부서로 구성하는 이유는 전문성과 효율성 그리고 상호 간의 검증 때문이다. 부서별 전문적 업무처리와 부서 간 유기적 상호협조로 효율성이 높아지는데, 협조가 안 될 경우 민원인이 애를 먹을 수 있다. 많은 행정기관이 원스톱 민원 처리를 위한 태스크 포스(task force) 팀을 운영하며 당일 민원 처리를 실행하고 있다. 하지만 아쉽게도 모든 민원 업무가 다 원스톱으로 처리될 수는 없다. 행정기관의 다양한 부서는 기능에 맞게 공정하고 투명하게 일을 처리해야 하기 때문이다.

　만약 누군가가 집을 짓는다고 하면 건축 인허가, 상하수도 시설, 환경, 위생, 소방, 도시가스, 도시계획, 일조권 등에 관한 수십 가지의 절차를 밟아야 한다. 건축 주관 부서는 주택 신축과 관련된 다양하고 전문적인 검토와 점검을 해당 부서의 협조를 얻어 승인한다. 하지만 각 부서의 담당자들은 각자 고유의 업무가 있으므로 다른 부서의 협조 업무를 우선순위에 두기는 어렵다. 또한 상사가 출장이라도 가서 자리에 없을 때는 올 때까지 기다려야 한다. 협조 부서의 고유 업무와 현안 업무보다 협조 업무를 먼저 처리하라고 요구하거나 기대할 수는 없다.

　하지만 민원인은 내부 사정을 자세히 모르니 그저 공무원이 갑질을 하거나 게으름을 피운다고 단정한다. 도매금으로 넘어간 대다수 공무원은 영문도 모른 채 매도당한다. 민원 해소를 위해 원스톱 서비스팀을 운영하면 반응은 좋지만, 문제는 허가 건이 많지 않아 평시에는 놀고 있다는 비판을 다시 받게 된다.

5

...

일과 가정의 병행은 직장인의 소망이다

'저녁이 있는 삶', 한때 대통령 후보의 공약으로 많은 직장인의 공감을 불러일으켰다. 하지만 아직도 많은 직장인은 직장에서 일하느라 저녁이 없는 삶을 살고 있다. 자기 자신은 물론 가정에도 충실하기 어렵다. 저녁이 없는 삶을 스스로 선택했다면 문제 될 게 없다고 항변하지만, 선택한 그가 다른 사람에게 같은 삶을 압박하기 때문에 문제다. 저녁이 있는 삶을 위해 내놓은 대책이 바로 일과 가정의 병행이다. 일도 열심히 하고 가정생활도 충실한 균형 잡힌 삶이 목표다. 워라밸 (work-life balance), 일과 삶의 균형이 필요하다. 일과 삶이 어느 한쪽으로 쏠리지 않는 균형 잡힌 생활은 건강한 사회를 위해 필요하다.

지금 한국의 노동 환경에서 워라밸은 비현실적이다. 많은 조직에서 정시 출퇴근은 최고 책임자가 아니면 어렵다. 최고 책임자는 따로 출퇴근 시간이 정해져 있지 않다. 일반 직원의 정시 퇴근은 '땡 하면 칼

퇴근'이라고 부정적으로 부른다. 일이 없어도 상사가 자리를 지키고 있으면 정시에 나가는 것이 힘들다. 눈총만 주는 것이 아니라 심지어 그렇게 할 일이 없냐고 타박도 한다. 다른 사람은 바쁘게 일하는데 퇴근 시간에 자신만 나가는 것도 타인에게는 이기적 행태로 보인다. 그냥 감정에만 그치는 것이 아니라 나중에 인사고과 평가 시 불이익을 감수해야 할 수도 있다. 사무실에만 오래 있으라면 그나마 낫지만, 회식이라는 미명으로 밤늦게까지 술시중을 들 때도 있다. 가끔 주말에 야유회나 등산으로 괴롭히는 상사도 있다. 워라밸을 가로막는 온갖 관행을 약자인 부하직원은 거부하기 어렵다.

전북도청은 워라밸 정책의 실효성을 높이기 위해 일주일에 하루를 가정의 날로 정해 정시 출퇴근을 시행하고 있다. 그러나 아직도 일부 직원은 가정의 날 회식을 하거나 습관적으로 야근을 한다. 그동안 일찍 퇴근해 보지 않아서 집에 일찍 가도 사실 특별히 할 일이 없다. 괜히 저녁 식사 준비를 해야 하는 아내의 눈치만 보인다. 아이들도 학원이나 학교에서 늦게 오기 때문에 같이 할 시간이 없다. 그냥 텔레비전을 보거나 술을 습관적으로 마실 뿐이다. 도대체 삶은 거의 없고 일만 있는데 어떻게 균형을 맞추라는 건지 당황스럽다. 문제의 본질을 잘못 짚고 있다.

균형 잡힌 삶을 위해서는 먼저 개인적인 삶의 가치를 느껴야 한다. 그러나 순응과 복종을 요구하는 조직에서는 결코 달성할 수 없다. 기업하기 좋은 나라에서도 균형 잡힌 삶은 달성하기 어렵다. 취업이 어렵고 구조조정이 일상화된 나라에서는 꿈같은 이야기이다. 원만한 가족생활을 가로막는 비상식적인 입시 체제에서는 불가능하다. 삶의 목표가 돈과 출세인 사회에서는 어불성설이다. 다양한 연고를 내세우고 위계를 따지는 사회에서는 구두선에 불과하다. 워라밸을 위해 우선 개인 삶의 목표, 구체적인 계획, 실행 매뉴얼이 필요하다. 말은 그럴싸하지만 해본 적이 없어 어렵다. 그래서 직장에서 먼저 시간외 수당을 없애고, 개인의 책임 업무를 부여하며 객관적이고 공정한 평가 시스템을 구축해야 한다.

사람들은 공무원이 한국 사회 워라밸의 끝판왕이라고 생각한다. 공무원 지망자 대부분도 정년 보장이라는 직업의 안정성을 보고 선택하기 때문에 틀린 말이 아닐지도 모른다. 공무원은 정년 보장뿐만 아니라 퇴직 후에도 연금이 나와 노후까지 보장한다. 심지어 공무원의 권리와 의무가 헌법에도 나와 있어 더욱더 안심이다. 그러나 막상 공무원으로 일해 보면 워라밸과는 맞지 않는 다른 현실이 기다린다.

공무원이 하는 일은 민원 서류 발급이나 복지 서비스 제공 정도로 알았는데, 실제 업무 범위는 너무 넓다. 쓰레기 수거, 도로 정비, 하천 관리, 상하수도 관리, 문화 예술 지원, 복지 사각지대 해소, 소상공인 지원, 기업 유치와 수출 지원, 대학 연구개발 지원까지 관여하지 않는 일이 거의 없다. 눈에 보이는 업무만 있는 게 아니다. 밖에서 볼 때는 알지 못했던 다양한 민원이 일상적이고 새로운 정책에 대한 지역주민과의 갈등도 해소해야 한다. 법적 근거와 절차를 따르면 늑장 행정이라는 비판도 감수해야 한다.

공무원이 항상 정시에 출퇴근한다는 통념이, 착각이라는 것을 깨닫는 것도 시간문제다. 신규 공무원들은 입사 전에는 공무원이 정시에 출퇴근한다고 생각했는데 생각보다 출근 시간이 빠르고 야근이 많아 당황스럽다고 말한다. 그 생각이 구청이나 동사무소의 민원업무 처리 시간을 전체 관공서 근무 시간으로 단정하고 확대해석한 환상이라는 것을 깨닫는다. 업무를 시작하기 전에 준비하고 끝난 후에 정리해야 하는 시간조차 고려하지 않아 생긴 착각이다. 아울러 공무원의 업무 내용이 서류나 발급하고 규제나 한다는 생각 역시 민원 창구 경험을 전체로 인식하는 오류에서 비롯된다.

실제로 중앙부처나 자치단체 본청에서 근무하는 공무원은 기획, 예산, 정책 등을 만들고 집행하는 일을 주로 한다. 때로는 매뉴얼도 없는 다양한 갈등 조정으로 밤낮없이 일해야 한다, 게다가 지방공무원은 지역발전에 필요한 예산확보를 위해 중앙부처와 국회를 설득하고, 새로운 사업 추진을 위해 언론 및 시민단체를 상대로 설명하며, 갈등을 조정하는 답도 없고 끝도 없는 일을 매일매일 해야 한다. 다만 매일 열심히 일해도 행정이 하는 일은 표시가 잘 나지 않고 쉽게 측정할 수도 없기에 하는 일이 없어 보일 뿐이다. 그래서 국민은 문제가 없으면 '공무원은 뭐 하니?'라고 묻고, 문제가 발생하면 '그 많은 공무원은 뭐 했니?'라고 질타한다.

금요일은 신의 한 수다

워라밸이 지켜지지 않아도 금요일을 생각하면 목요일부터 흐뭇하다. 금요일이 있어 월요일 출근이 힘들지 않다. 세상을 창조하면서 7일째 하루를 쉬는 날로 정해주신 조물주의 판단은 그야말로 신의 한 수다. 세상에 얼마나 사람을 사랑하고 배려하는 마음이 있었으면 이렇게 위대한 결정을 할 수 있었을까? 사람들이 수사적으로나 은유적으로 사용하는 신의 한 수라는 표현은 쉽게 쓰면 안 된다는 경건함이 느껴진다. 신의 한 수는 적어도 노동하는 인간에게 일요일을 만들어줄 정도의 임팩트가 있어야 사용할 수 있다. 일요일 휴일이 있어 주 5일 근무로 이어질 수 있었고, 더 나아가서는 주 4일 일하는 시대를 앞당길 수 있을 것이다.

100년 전 케인즈(John M. Keynes)는 100년 후에는 주 20시간의 노동만으로도 살 수 있는 시대가 열릴 것이라고 설파했다. 경제학의 대가답게 인류의 생산력 발전 측면에서 그의 예측은 맞았다. 그러나 그는 기술과 생산력의 발전이라는 단순한 생각에만 머물렀지, 자본주의의 이익 추구에 노동자 배려는 포함되지 않는다는 사실에 대해 무지했거나 외면했다. 마르크스의 통찰력이 맞지 않은 이유도 인간의 욕망과 환경변화에 대한 자본주의 체제의 유연성과 적응력을 간과했기 때문이다.

코로나 팬데믹 결과로 드러났듯이, 기술이 발전한다 해도 노동시간은 줄지 않고 일자리만 줄어든다. 배달, 플랫폼, 돌봄, 콜센터 등 다양한 종류의 노동 형태가 생기는데 법이 미비해 보호받지 못하는 노동자들도 늘고 있다. 모든 노동자를 보호하는 보편적인 대책이 아닌, 문제가 드러나거나 목소리가 큰 개별 문제에 대한 임기응변적인 대응으로는 일자리 부족 문제를 해결할 수 없다.

부작용이 생기고 갈등이 야기돼도 사람들의 노동시간은 점점 줄어들 것이다. 문제는 사람들의 줄어든 노동시간에도 불구하고 소득에 변화가 없어야 의미가 있는데, 이해관계자 간의 합의가 어렵다. 기본소득을 도입해야 한다는 주장들이 넘치지만, 내용이 분명치 않다. 기존의 복지 제도를 다 없애고 기본소득으로 대체하자는 건지 아니면 유지한 채로 실시하자는 것인지 분명치가 않다. 또 그 엄청난 예산 조달은 어떻게 할 것인지에 대해서도 해법이 없다. 기본소득 논의가 산으로 가도 노동시간의 감소는 필연적일 것이다. 노동시간 축소가 일자리 소멸이 아니라면, 길어지는 휴일은 자신만의 시간이 길어진다는 의미다. 직장에 기대 다람쥐 쳇바퀴 돌 듯 살아온 인생이 자기 책임으로 일상을 만들어야 하는 변화에 직면하게 된다. 누구는 힐링을 위해 여행을 한다고 할 것이고 어떤 이는 운동을 할 것이다. 하지만 미리 생각해 놓은 계획이 없으면 유행을 좇거나 의무감으로 더 피곤해질 수 있다.

그동안 직장은 모든 일을 해결해 줬다. 일, 보람, 동료, 휴일의 소중함, 돈, 연결, 배움, 경험, 승진 등이 거의 자동으로 주어졌다. 하지만 앞으로는 그냥 주어졌던 일들을 스스로 찾아야 한다. 빠른 변화에 적응하기 위해 평생 교육의 중요성이 부각될 것이다. 배움은 새로운 기술이나 환경에 적응하고 더 나은 경력을 보장해준다. 과연 새로운 직업이 계속 생길 것인지 아니면 각자의 삶을 갈아 넣는 관심경제의 희생양이 될지는 지켜봐야 한다.

공무원의 경쟁력이 국가 경쟁력이다

A는 변호사이고 한때는 도에서 감사관도 했다. 사람 성격도 무난하고 일도 잘 처리해 함께 근무한 사람들이 대부분 후하게 평가했다. 도에서 새로운 위원회를 만들 필요가 생겨 행정 경험과 법률 지식이 있는 그를 추천했다. 그런데 도지사 비서실에서 강하게 반발했다. 그가 감사관 시절에 B시와 갈등이 있었고 당시 시장이던 현 도지사의 심기를 불편하게 했는데 어떻게 추천할 수 있느냐고 따진다. 주어진 자리에서 최선을 다해 일한 것이 배제의 이유가 될 수는 없다고 항변했지만 막무가내다. 비서실에서 각종 위원회 위원을 추천할 수도 있고, 선호를 밝히는 것도 필요하지만, 모든 위원 선임에 대해 왈가왈부하는 것은 어불성설이다. 도지사가 아는지도 모를 일을 비서실에서 호가호위하니 답답하다.

선거가 끝나면 지방자치의 성공을 위해 단체장은 민심을 통합하고 다양한 인재를 중용해야 한다. 하지만 현실은 기대와 달리 중요한 자리가 점점 선거의 전리품이 되고 있다. 더구나 도정의 전문성을 높인다는 명목으로 다양한 개방형 자리를 지정하고 그 자리에 전문성이 의심되는 선거 캠프 출신들을 채용한다. 공채과정은 그저 요식행위에 불과할 뿐이다. 그러다 보니 도청 공보관실은 지역 소규모 신문사 기자 출신이 장악했다. 그들은 그 자리에 만족하지 않고 더 높은 자리인 국장을 넘보고 심지어 부지사까지 노린다.

어공(어쩌다 공무원)의 업무 판단 기준은 도지사의 심기나 다음 선거 유불리다. 그야말로 단순하고 효율적이다. 민감한 사안에 대해서는 "직업공무원은 융통성이 없다, 대화로 풀어라, 지사가 싫어한다."라는 이유로 사사건건 반대하거나 지시하려 든다. '안 되면 되게 하라'의 새로운 버전인 '정무적 판단'이라는 말을 전가의 보도처럼 휘두르며 전횡을 부린다. 정무적 판단이란 고도의 정치적 판단이 필요한 중요 사안을 신속하게 처리하기 위한 결단인데, 이들에게는 그저 편법일 뿐이다.

비서실에 포진한 캠프의 출신들은 스스로 문고리 권력이 돼, 보고 시간을 정하고 보고 내용을 사전에 협의하라는 월권도 저지른다. 그들은 지사의 뜻이라며 인사안을 먼저 보려 하고 근무평정에 개입하려 한다. 언론과 의회의 민원 해결을 들먹이며 기준 없이 장기 교육생을 선발한다. 사정이 이러니 캠프 출신이 아닌 일반 직원도 비서실 근무를 하면서 비서실장의 의도라며 자신의 욕심을 채운다. 이들 역시 능력보다는 지연이나 학연 등의 연고와 친분으로 비서실에서 근무하기 때문에 오로지 자신의 빠른 승진을 위해 기존의 질서를 어지럽힌다. 그들 역시 캠프 출신과 마찬가지로 경험과 관리 능력이 부족하고 공적 마인드가 없으므로 비서실을 활용해 자기 이익만을 추구한다. 등잔불 밑이 어둡다고, 도지사는 이런 사실을 아는지 모르는지 공익과 공심을 강조하는 부조화를 연출한다.

공무원을 부끄럽게 만드는 제도와 행태도 여전하다

일부 공무원은 관행적인 시간외수당과 출장 여비 수령으로 세금 도둑이라는 비난을 받고 심할 때는 형사 고발까지 당한다. 일반직 공무원에 대한 시간외수당 지급은 1990년에 도입됐다. 정상 근무 시간 외의 추가 업무에 대한 수당 지급은 노동자의 당연한 권리지만, 공무원은 오랫동안 공짜 야근에 시달리다 뒤늦게 시간외수당을 정상적으로 받게 되었다. 그 후 일하는 환경과 근로조건이 개선되고 처우가 나아졌지만, 일부 공무원은 시간외수당을 받기 위해 일이 없어도 야근을 하는 과유불급 상황에 이르렀다. 심지어 주말에 등산복을 입고 출근해 시간외수당을 받아 가는 사례까지 있어 세금 도둑이라는 오명까지 얻었다.

추가근무 사전허락제를 도입하거나, 혈관 인식 장비를 구축하고 일일이 확인하는 방법까지 동원해서 부당 수령행위는 많이 줄어들었다. 하지만 일없이 그냥 시간만 보내는 야근이나 휴일 근무까지 막기는 힘들다. 어차피 공무원은 늘 해야 할 일이 있고 상사의 눈치도 보여 정시 퇴근이 어려울 때가 많으니 그냥 느긋하게 저녁까지 먹으며 야근을 한다. 야근하면 주변 평판도 좋아지고 수당도 벌 수 있는 일석이조의 효과를 쉽게 얻을 수 있는데 굳이 정시 퇴근을 위해 서두를 필요가 없다. 소수의 부끄러운 일탈이라고 부끄러워하면서도 야근과 시간외수당에 대한 관행은 사라지지 않고 있다.

원래 공무원의 수당은 국가 재정이 빈약한 시절에 낮은 봉급을 벌충해주는 수단으로 다양하게 활용됐다. 그러나 정부는 경제 사정이 나아졌는데도 기본급 인상은 하지 않고 경비 성격의 수당만을 늘려 급여체계를 비정상적으로 운영해 왔다. 공무원 노조에서 시간외수당을 폐지하고 기본급에 반영해주라는 건의와 요구를 오랫동안 했지만, 관련 중앙부서는 아직 요지부동이다. 기본급을 올리기 위해 언론과 국회의 눈치를 봐야 하는 고충이 있겠지만 이제는 결단해야 한다. 초과근무수당의 부당 청구에 대해 공무원이 내부 고발까지 하는데, 도대체 왜 주저하는지 이해할 수 없다. 얼마나 더 공무원을 부끄럽게 만들려고 하는지 의심스럽다. 혹시 관계부처의 영향력이 떨어질까 봐 주저하는 거라면 너무 늦기 전에 빨리 포기하기 바란다. 국장이나 과장 등의 관리자가 특별한 일이 없으면 일찍 퇴근하는 이유가 시간외수당이 없기 때문이라는 말이 농담만은 아닐 것이다.

공정한 시험관리가 국가 경쟁력이다

"여보세요."

"예, 오늘 공무원 시험 본 수험생인데요. 오늘 본 시험과목 중에 공고와 다른 과목 문제가 잘못 나온 거 같아서요."

"그럴 리가요, 확인해 보겠습니다."

아뿔싸 시험 공고에는 기계설계 과목이라 해놓고 정작 시험지에는 기계설비 과목으로 표기되어 있다. 과목의 유사성이 높긴 해도 완전히 다른 과목이기에 시험문제 출제가 잘못된 게 확실했다. 실무자의 착오가 있더라도 검토 과정에서 걸러야 하는데 그냥 넘어갔다. 전화를 받은 담당 팀장은 목이 턱 막히고 머리가 아득해졌다. 하지만 정신을 차리고 사태를 수습해야 했다.

"예, 아무래도 착오가 있었던 것 같습니다. 문제를 한 번 더 검토하고 나서 다시 연락드리겠습니다."

전화를 끊고 팀장은 부랴부랴 회의를 소집해서 오류를 확인하고 대책을 마련하기 시작했다. 먼저 인사혁신처에 사례를 문의하니 다행히도(?) 전국에서 몇 번의 사례가 있었다면서 해결 방안에 대해서도 조언해준다. 상황 정리를 하여 윗선에 보고하고 논의해 2주 후에 새로운 문제로 재시험을 치르기로 했다. 다행히 해당 과목의 응시자가 10명뿐이어서 직접 전화하거나 방문하여 양해를 구할 수가 있었다. 짜증을 내는 수험생도 몇 명 있었으나 그래도 모두 선선히 응해 주었다. 2주 후에 재시험은 차질 없이 진행되어 합격자 발표까지 마쳤다.

공무원 임용시험은 국가의 중요한 업무 중의 하나라 정확한 절차에 따라 공정하고 투명하게 실시해야 한다. 먼저 전년도 12월에 수요를 파악해 채용 인원과 분야를 결정하고, 다음 해 2월에 공고를 한다. 전북은 한 해에 지방직 7급과 9급, 소방직, 경력직 등 보통은 4회 시험을 실행하고 충원이 필요하면 추가 시험을 본다. 시험문제 출제는 인사혁신처의 55개 과목, 도의 64개 과목 중에서 출제한다. 분야가 다양하고 많다 보니 초긴장 상태에서 문제 관리를 해도 가끔 실수가 나온다. 응시인원과 분야가 확정되면 문제 출제를 의뢰하고 검증한다. 문제 출제는 다른 지역의 교수 2명에게 따로따로 의뢰하여 교차 검증을 마친 후 다시 합숙을 통해 검토한다. 합숙은 보통 시험관리 담당 공무원과 각 분야의 공무원 중에서 실무 경험과 이론을 겸비한 사람을 선발하여 진행한다. 합숙 중에는 외부와의 연락을 차단하고 문제 검토와 확인을 한 후 인쇄와 포장까지 준비한다. 시험이 시작되면 합숙은 끝나고 갇혔던 담당자들도 밖으로 나올 수 있다. 시험 담당자는 일 년에 평균 60일 이상 합숙을 해야 하니 아무리 수당을 받는다 해도 힘든 일이다.

시험문제 출제와 동시에 시험 감독관 선발과 시험장 확보도 해야 한다. 전국 17개 시도에서 동시에 실시하는 지방직 9급 시험은 전북의 경우 수험생이 만 명이 넘는다. 30개 이상의 학교를 빌려 2천여 명의 감독관이 시험관리를 해야 한다. 코로나가 기승을 부릴 때는 질병 예방과 방역을 위해 학교마다 5명의 방역관도 배치해야 하고, 당일 증상자가 나올 경우, 격리 시험을 위한 예비 시험실도 준비해야 해서 더 복잡하고 힘들다. 사정이 이러니 최근 3년 동안, 수험생 한 명당 비용이 평균 50만 원이 넘었다. 접수하고 실제 응시하는 비율이 70% 정도이지만, 몇 명이 결시하는지 어느 시험장에서 빠질 것인지를 예측할 수 없어 예산은 100% 들어갈 수밖에 없다. 시험 준비와 과정이 끝나면 이제 채점 문제가 기다린다. 오답 시비에서 벗어나기 위해 논란을 일으킬 만한 새로운 내용이나 주장, 애매한 표현은 제외하고 답이 분명한 문제만을 출제하려고 노력하지만, 오답 논란은 사라지지 않는다.

최근 한 축산 분야 시험문제에서 가금류의 정의에 대해 "온몸이 깃털로 덮여있다."라는 문항도 틀렸다는 이의가 제기됐다. 닭의 부리와 발바닥 어디에 깃털이 있느냐고 항변했다. 맞는 말 같기도 하고 정의도 아리송해 출제자와 전문가에게 자문을 구했다. "교재에 분명히 가금류의 정의로 온몸이 깃털로 덮여다는 내용이 있으니 문제 될 게 없다. 시험은 시험 범위 내의 내용을 확인하는 것이므로 수험생의 상식과 자의적인 판단으로 정답을 정할 수는 없다." 결국 의혹은 가라앉았지만 계속되는 문제 제기에 긴장을 늦출 수가 없다. 한 국가의 공정한 시험관리 능력은 국가의 수준을 판단하는 잣대이다.

한국의 행정서비스는 신속·정확하고 친절하다

웬만한 행정 서류는 민원24를 통해 언제든지 인터넷으로 발급받을 수 있어 시간과 노력을 절약할 수 있다. 정보통신기술을 활용해 서류 발급을 편리하게 해준 건 좋지만 정보화 시대에 주민등록 등본과 인감증명 같은 서류를 계속 요구해야 하는 이유를 모르겠다. 아직도 서류에 많은 도장이 필요한 일본에서 업무개선을 위해 도장 사용을 줄이는 것이 아니라, 자동으로 도장 찍는 기계를 도입했다는 어처구니

없는 뉴스를 본 적이 있다. 우리나라 행정에서는 조금 더 과감해야 하지 않을까?

20년 전에 미국으로 유학을 갔다. 미국 땅은 너무 넓어서 자동차 운전이 필수였지만, 한국 운전면허증을 인정하지 않아 그곳에서 새로 따야 했다. 다행히 필기시험은 어렵지 않았고 실기시험도 한국에서의 경험으로 쉽게 통과했다. 그리고 운전면허증을 받기 위해 정해준 날 오전 9시 이전에 사무실로 갔다. 12월 한겨울이었지만 이미 많은 사람이 밖에서 줄을 서서 기다리고 있었다. 나도 사무실이 열리기를 바라며 줄 뒤에 가서 기다렸다. 그런데 사무실 안쪽을 보니 이미 공무원들이 출근해서 커피를 마시며 대화를 나누고 있었다. 눈 내리는 영하의 날씨에, 추위에 떨며 밖에 서 있는 민원인을 위해 일은 9시부터 할지라도 사무실은 열어줘야 하는 거 아닌지 생각했지만, 그들 중 아무도 문을 열어주지 않았다. 밖에서 기다리는 사람 중 아무도 불평하거나 항의하지 않고 그저 무표정하게 서 있기만 한 사실이 더 당황스러웠다. 이런 일이 한국에서라면 상상이나 할 수 있을까? 결국 9시가 넘자 그때 문을 열고 일을 시작했다. 충격적인 경험이었다.

이런 이야기도 한겨레21 지면을 통해 읽었다. 이탈리아에 사는 교민이 도둑을 당하고 겪은 충격적인 일이다. 도둑을 당한 그가 너무 놀라 경황이 없어 이웃이 대신 경찰에 신고해 주었다. 전화를 받은 경찰이 없어진 물건 중에 마약이나 무기류가 있냐고 묻고는 없다고 하니까 그냥 전화를 끊었다. 왜 경찰이 오지 않느냐고 물었더니 피해자가 직접 경찰서에 가서 피해 접수를 해야 한단다. 한국 영사관에 전화해 도움을 청하니 몇 시간 후에 경찰 한 명이 와서 피해 상황을 적고는 내일 경찰서에 와서 접수하란다.

"그럼, 당신은 왜 오신 거예요?"

"그러니까요, 올 필요가 없었는데."

위 경험은 글쓴이가 체류 허가증 갱신을 위해 이민국에서 겪은 일화에 비하면 양호했다. 똑같은 업무 창구에서 담당자가 바뀔 때마다 다른 서류 요구하기, 서류가 조금만 달라도 다시 해오라고 돌려보내기, 사전 고지도 없이 복사본을 내놓으라고 하면서 사무실 복사기는 사용하지 못하게 해 더운 여름에 헤매게 하기, 사진 규격이 조금 다르다고 다시 찍어 오라고 하기, 겨우 받은 증명서의 만기가 얼마 남지 않았다고 다시 받아오게 하기 등 행정 지옥 이탈리아에 대한 고발이었다. 내가 미국에서 그랬던 것처럼 그 역시 한국의 경험이 그리웠을 것이다. 도대체 행정의 존재와 목적이 무엇인지 다시 생각하게 하는 사례다.

| 7장 |

공무원을 둘러싼
에피소드

원하지 않는 자리로 인사발령이 나다

　도의회 사무처장으로 근무하다 A시 부시장으로 발령이 났다. 전혀 기대하지 않아 실망이 컸으나 대놓고 내색하기도 어려웠다. 연말에 진급해 다른 자리로 옮기기를 내심 바랐는데 아쉬웠다. 관행적으로 도의회 사무처장이 부시장보다 높은 직급이기에 강등당하는 기분도 들었다. 직급은 강등된 듯하지만, 지위는 영전이라는 형용모순인 상황이 난처했다. 기대와 다른 인사 결과 때문에 이미 실망 중인데 더 부담스러운 것은 주변 사람들의 시선과 생각 없이 툭툭 던지는 말이다. 자신은 잘못한 것이 없는데 결과를 설명하고 변명하며 낭패감으로 위축돼 동료들의 위로와 격려가 오히려 불편하다. 이럴 때는 모른 척해주는 것이 최선의 배려인데 가끔은 의도가 불분명한 말로 마음의 상처를 덧나게 하는 사람도 있다.

　인사발령 소식을 접한 주변 사람들은 당사자의 마음도 모른 채 축하카드나 화분을 보내 영전이라며 축하해줬다. 기대가 무산됐지만 새로운 자리로 옮기면 그것만으로도 좋은 일이라고 자위하며 받아들였다. 원하지 않는 자리로 발령이 나도 그냥 받아들여야 하는 것이 공무원의 운명이기 때문이다. 이것 또한 새로운 경험이 될 거라며 긍정적인 의미를 부여하지만, 여전히 마음속까지 편해지진 않는다. 인사원칙과 규정에 따른 예측 가능한 인사는 불가능한 일인가? 연공서열은 비판하면서 나이를 먼저 고려하는 태도는 합당한가? 자신을 합리화해도 실망과 의문은 떠나지 않는다.

아쉽지만 한편으로는 자신을 반성하는 계기가 됐다. 일부 단체장은 조직의 고위 간부직을 자신에게 충성하는 직원을 배려해 퇴직 전에 한번 맛보고 가는 출세한 자리라고 여긴다. 행정을 폄하하고 공무원을 모욕하는 인식과 태도이지만 어쩔 도리가 없다. 단체장에게, 고위 간부는 행정에 대한 경험과 능력보다는 자기의 생각과 의중을 잘 파악하고 따르는 자세가 더 중요하다. 특히 자신이 행정을 잘 안다고 생각하는 단체장에게 고위 간부는 일보다 충성심이 우선이다. 그에게 고위 간부와 일반 직원은 큰 역할의 차이가 없다. 자신의 권한과 판단 능력을 믿기 때문에 인사는 그때그때 필요에 따라 마음에 드는 직원을 골라 쓰면 된다. 따라서 중요한 자리에 가고 싶거나 승진하고 싶으면 그의 생각에 잘 순응하고 적극적으로 대처해야 했다. 한참 시간이 지나서야 일부 도의원의 불만을 계기로 단체장과 오랫동안 함께한 동문 후배를 배려하기 위한 심모원려임을 알게 돼 씁쓸했다. 아무튼 짐을 꾸려 A시로 가야 한다.

A시는 축산 악취의 역습을 받고 있다

부시장에 부임한 지 얼마 되지 않아 관할지역 현황 파악을 위해 행정 현장을 순행했다. 시내 동 지역은 물론 농촌의 면 지역도 잘 정비되고 깨끗했다. 논과 밭은 반듯하게 구획 정리됐고, 겨울인데도 비닐하우스에는 시설 채소가 한창이었다. 겨울 논에는 보리와 가축의 사료로 쓰이는 초록빛 수입 목초가 무성하게 자라고 있었다. 농촌이 과거와 달리 농번기와 농한기가 따로 없다는 것을 실감했다. 주민지원센터 업무도 전산화 되어 실시간으로 잘 관리되고 있다. 농촌 인구의 고령화로 인한 돌봄 업무와 복지 사각지대 해소, 독거노인 지원 등의 업무 비중이 높아지고 있다. 피상적인 보고만 받아서 실상을 완전하게 파악했다고 볼 순 없으나 일선 행정이 행정환경 변화에 잘 대응하고 있었다.

현장 방문 중에 악취로 불쾌함을 느낀 적이 있다. 한겨울임에도 불구하고 축산 폐기물 냄새가 났다. 동행한 직원은 축산 농가가 곳곳에 너무 많아 발생하는 냄새라고 대답한다. 축산 오·폐수를 적법하게 처리해도 절대량이 워낙 많아 일부 악취는 어쩔 수 없다고 했다. 그동안 A시에서 한우를 많이 키운다는 정보는 들었지만, 돼지와 닭까지도 악취를 감당할 수 없을 만큼 사육하는지 알지 못했다.

A시는 가축 사육 두수가 전국에서 손꼽히는 대표적인 축산 도시다. 20여 년 전 취임한 젊은 시장이 지역경제의 활성화를 위해 정부 지원과 보조금이 많은 축산업을 장려하여 생긴 변화였다. 당시 A시 출신

의 국회의장까지 힘을 보태 A시는 단숨에 축산업 중심의 지역이 되었고 농민 소득도 올라갔다. 그러나 빛이 있으면 그늘도 있는 법. 그때부터 A시는 소득증대와 함께 악취도 증가했다. 어느덧 악취의 포화상태가 되자 그때 서야 주민들은 심각성을 깨달았으나 이미 생계 기반이 된 만성 악취를 어떻게 할 수가 없었다.

지역에 만연한 악취는 단순히 사람의 감각적 피해에 그치지 않고 다양한 산업 분야에도 영향을 미쳤다. 지역 관광 활성화를 위해 조선시대 고택에 상설 공연장을 개설하고 숙박시설까지 완비했지만, 악취가 심해 투숙객의 불만이 끊이지 않았다. A면에 소재한 유네스코 무형문화 유산인 태산서원과 선비문화원에도 악취로 인해 기대만큼 사람들이 찾지 않는다. 아울러 투자유치를 위해 조성한 산업단지 주변이나 연구소 인근 지역도 악취 때문에 부정적인 영향을 받고 있다. 지역의 소득증대를 위해 의욕적으로 추진하고 소기의 성과를 거두었지만, 지금은 주민의 삶의 질을 떨어뜨리는 아이러니한 상황이 되었다. 가히 축산의 역습이라고 부를 만하다.

부시장의 위상은 높다

부시장은 시청의 2인자로 시장을 보좌하고 유사시에 시장 직무를 대행하는 공무원이자 기관이다. 지방자치법에 따라 시장은 부시장을 직접 임명하고 직급은 시장 상당 직급보다 1급 낮게 보한다. 규정은 한 단계 차이지만 권한의 차이는 하늘과 땅 차이다. 실제 부시장 임명은 시청에 대한 행정 관리 감독권이 있는 도청과 시청이 인사교류 차원에서 사전에 협의해 정한다. 시장은 국가 예산확보와 정책 발굴, 중앙부처 공모사업 응모와 선정을 위해 도청 공무원을 부시장으로 임명한다. 도청과 갈등이 생길 때 소통의 창구로 활용하기도 한다. 한편으로는 시장·군수가 잠재적 경쟁자인 동향 출신의 부단체장을 꺼리는 마음도 작용한다. 임명 절차는 먼저 도청에서 시청으로 부시장 대상자 명단을 통보한다. 시장이 그중에서 선택하면 해당 부시장은 도청에서 시청으로 전입하고 다음 인사 때 다시 도청으로 전출하는 형식으로 진행된다.

이런 관행에 대해 기초단체 공무원 노동조합은 수시로 반발한다. 도청 간부 공무원이 모든 시·군 부단체장을 독식해 시·군 공무원은 부단체장 승진 기회를 박탈당할 뿐만 아니라 시군의 인사 적체가 심각하다고 호소한다. 또한 전북도청은 95% 이상이 5급 이상의 직위로 퇴직하지만, 14개 시군은 90% 이상이 6급 이하로 퇴직한다. 정원 대비 5급 사무관 이상 비율도 전북도청은 20%가 넘지만 14개 시군은 평균 5%도 안 된다고 주장한다.

기초단체 부단체장의 낙하산 인사에 대한 해묵은 논란은 지방자치 부활 초기부터 전국 곳곳에서 제기돼 왔다. 지방자치법 제110조 제4항에 '시의 부시장, 군의 부군수, 자치구의 부구청장은 시장·군수·구청장이 임명한다.'라고 명시돼 있어 노조의 주장은 타당성이 있다. 지난 2018년부터 부산광역시 기장군수는 부산시청 앞에서 지난해까지 4년 동안 부단체장 낙하산 인사 중단을 요구하는 1인 시위로 주목받았다. 지방자치가 성숙해져 재정자치와 인사자치가 실현되면 낙하산 부단체장 문제는 무난히 해결될 것이다.

지방자치단체의 부단체장으로 임명되면 직급에 상관없이 별도의 사무실과 비서, 업무 전용차와 기사, 업무지원 담당이 지정된다. 같은 직급의 도청 국장과 과장에 비해 파격적인 대우를 받기 때문에 많은 도청 간부가 부시장, 부군수를 희망한다. 지방자치가 부활하면서 임명직 시장·군수가 불가능해지자 부시장·부군수가 지방공무원의 최종 꿈이 되었다. 가끔 열망이 지나쳐 사전 낙점을 위해 충성 맹세나 불출마 다짐 같은 말도 안 되는 소문이 나돌기도 한다. 부시장의 권한은 형식상 인사권을 가진 인사위원장과 예산지출을 승인하는 재정관을 겸할 수 있어 막강하다. 심지어 시장 궐위 시 권한 대행 1순위이다.

...

어쩌다 시장이 됐다

나는 시장권한대행이 됐다. 여전히 부시장이지만 현 시장이 선거법 위반으로 낙마해 다음 시장이 선출될 때까지 시장 역할을 대신하게 됐다. 부시장으로 발령이 나기 전에 시장이 이미 선거법 위반으로 재판 중이어서 혹시나 하는 예상은 했지만, 시장권한대행은 내가 기대한 자리는 아니었다. 내 의지와 노력으로 성취한 자리가 아니었기 때문에 부시장 직함으로 시장 역할까지 수행하려 했으나 규정상 시장권한대행으로 공식적인 일을 해야만 했다. 명함에도 시장권한대행 부시장 ○○○라는 긴 명칭을 써야 했다. 선출직 시장과 직업공무원 권한대행 간의 차이는 차별이 느껴질 만큼 크다. 의회나 민원인 중에는 시장 자격과 정당성을 운운하며 비판할 때도 있었다.

시장권한대행을 원하지 않았다고 그 직을 수동적으로만 받아들이진 않았다. 이번 기회에 선거직 시장의 한계를 넘어 직업공무원의 제대로 된 행정을 보여주겠다는 치기도 있었다. 그러나 막상 현실로 닥치니 정치적인 부담이 만만치 않았고 때로는 짜증도 났다. 특히 민선 이후 관행이 된 막무가내 면담 요청과 과도한 민원 행태는 가끔 신경을 곤두서게 했다.

법치행정 원칙에 따라 업무처리를 하려니, 법적 근거 없는 요구나 적법절차를 따르지 않은 민원 처리에 애로가 많았다. 자신의 요구가 관철되지 않은 민원인은 습관처럼 전임 시장을 거론하고 정무적인 판단과 정치적인 해결을 요구하기 때문이다. 권한 대행은 새로운 일을 벌이기보다는 기존의 사업을 잘 관리해서, 다음 시장에게 인계하는 게 우선이라는 암묵적인 제한이 적극적인 일처리의 발목을 잡기도 했다.

보람된 일도 많았다. 그동안 잡음과 불만이 많던 승진 인사를 원칙에 따라 공정하게 처리해 공무원으로부터 많은 지지를 받았다. 또한 부패방지법(김영란법)의 엄격한 적용으로 공무원 안팎의 접대 문화를 개선해서 절대적인 호응을 불러일으켰다. 특별한 약속이 없으면 직원들과 식사를 함께하면서 현장의 애로사항도 듣고 개선해야 할 관행이나 제도 등에 대해서도 의견을 많이 나누었다. 덕분에 천 명이 넘는 시청 직원 대부분의 얼굴과 이름을 알게 됐고 그들의 마음도 약간이나마 짐작할 수 있었다. 나에게 권한 대행 자리는 우연이었지만 행운이었다. 선거를 치르지 않고 시장이 된 기회는 다신 없을 것이다. 즐거운 마음과 원칙에 맞는 행동으로 시장 역할을 잘 수행하려고 노력했다.

시장의 힘은 막강하다

지방자치단체장은 지역의 소황제로 불린다. 시장은 시청의 정책 결정, 승진 인사, 사업계약 체결, 계약직 채용 등에 막강한 영향력을 행사한다. 법적 권한도 많지만, 실질적 권한은 거의 무소불위라 해도 과언이 아니다. 시장을 보좌하고 견제하기 위한 광역단체 출신의 부단체장과 지방의회, 지역 언론, 시민단체 등의 행정에 대한 견제 기능이 있어도 크게 방해받지 않는다.

국회의원의 권한과 비교해도, 지역에서는 시장의 권한이 더 막강하다. 시장은 별정직과 전문 계약직 명분으로 시청의 중요한 자리를 선거캠프 사람으로 채울 수 있다. 수의계약을 활용해 업자를 챙겨주고 금전적 이익을 챙길 수도 있다. 심지어 매년 두 번의 정기인사 때마다 승진이나 보직을 미끼로 공무원에게 돈을 받아 구속된 단체장도 있다. 건강검진 명목으로 병원에 입원해 휴식을 취하면서 병문안 봉투를 챙기고 자식 혼사를 널리 알려 합법적으로 엄청난 축의금을 걷기도 한다. 직원이 써 준 기고문이나 인사말 등을 짜깁기해서 출판기념회를 열어 책값까지 챙긴다. 오죽하면 '소황제'이겠는가. 시장의 정책 결정은 직업공무원의 말보다는 측근이나 자신의 감각적인 촉에 의해 이루어진 경우가 많다. 직업공무원과 상의하면 원칙을 들먹이며 부정적인 이유를 너무 많이 찾아내기 때문이라고 변명한다.

공무원의 가장 큰 관심사인 승진 인사는 일 년에 두 번, 조직의 근무 평정 순위에 따라 정하는 게 원칙이다. 하지만 승진 인사에서 연공서열 원칙은 무사안일을 부르고 조직의 변화도 꾀할 수 없다는 이유로 대부분 시장이 승진자를 낙점하는 경우가 많다. 다음 선거가 가장 큰 관심인 시장은 승진 낙점을 통해 공무원의 충성심 경쟁을 유도하며 내부 조직을 관리한다. 인사원칙이 고무줄 잣대이다 보니 인사철마다 법정 연한이 찬 공무원 대부분이 승진을 위해 뛰어든다. 안정적인 순위권인 사람은 불안해서 후원자를 찾고, 이제 겨우 법정 연한을 채운 공무원은 시장 측근과의 친분을 과시하며 야심을 드러낸다. 합리적인 근평을 무시하니 금전 거래를 통한 매관매직도 부끄러워하지 않는다.

지역의 소도시에는 소규모 건설회사와 유통회사가 많다. 규모가 작은 기업은 관청에 의존하지 않으면 매출을 일으키기 어렵다. 관청이 발주한 사업은 적정한 수익이 보장되고 일의 진행도에 따라 현찰로 대금을 지급하기 때문에 경쟁이 치열하다. 규모가 큰 사업은 공개경쟁으로 사업자를 정하고, 2천만 원 이하의 작은 사업은 수의계약을 통해 결정한다. 문제는 공개경쟁 입찰을 해도 발주자의 의도가 개입하는 경우가 많고, 수의계약을 위해 쪼개기 발주가 횡행한다는 것이다. 안정적인 이익을 얻기 위해 일부 사업자는 선거 때부터 유력한 후보자를 지원하며 친분관계를 쌓아 미리미리 대비한다. 심지어 지역 신문기자가 브로커가 돼 업자와 후보자를 연결해주고 금전적인 이익을 꾀하기도 한다. 최근에는 이들에게 시달리던 A시장 후보가 망국적인 선거풍토를 비판하는 양심선언을 하고 후보를 사퇴했다.

시장의 일 처리 방식은 일방적이다

행정은 한정된 자원을 합리적으로 배분하고 사회갈등을 해소하는 정치 기능을 일선에서 실행한다. 주민 참여를 통한 소통행정은 지방 행정의 중요한 요소지만, 모든 행정 업무를 주민과 상의해 처리할 수는 없다. 행정은 단지 심부름꾼이 아니라 지역발전을 위해 갈등을 조정하고 끌어가는 지휘자가 되어야 하기 때문이다. 그러나 현실은 행정 경험이 없는 단체장이 자주 선출돼 자치행정은 사라지고 재선을 위한 민원 해결과 전시행정이 난무하기도 한다. 민선 시장은 지역 내의 사소한 사적 모임에 시도 때도 없이 불려 다닌다. 공적인 자리도 아니고, 사적으로 자신을 지지하지도 않는 모임이지만, 초청받고 참석하지 않으면 욕할 거라는 지레짐작으로 얼굴을 내민다.

어떤 시장은 일과 후에 지극히 사적인 일에도 공적 자원을 동원하며 다음 선거를 대비한다. 일정이 겹쳐 참석할 수 없으면 부시장을 대신 보낸다. 오로지 모임 대표의 체면이나 위상을 확인시켜주는 역할 외에는 어떤 공적 명분도 없다. 그래서 나는 대부분 사적인 행사에 일과 후 참석을 거절했다. 단체장은 주민을 위한 부지런한 종이 되겠다고 약속했고 다음 선거를 위해 참석해야 하지만 직업공무원인 나는 공사를 분명히 구별했다.

현대 행정은 다양하고 복잡한데 민선 시장은 조직의 인사부터 작은 행사와 사업까지 전부 스스로 결정한다. 행정 경험이 거의 없는 고령의 시장 지시가 곧 법이다. 노련한 관료들은 전결 규정에 따라 처리 권한이 있음에도 불구하고 모든 결재를 시장에게 맡긴다. 권한에 따라 처리하고 제발 결재 좀 그만 갖고 오라 해도 요지부동이다. 시장에게 일하는 모습을 자주 보여 눈도장이라도 찍어야 한다는 자조적인 말을 하며 시장 결재를 위한 부시장 결재를 부탁한다. 영혼이 있고 부지런한 공무원이 무소불위 만기친람 행태의 시장을 만든다. 시장은 부시장 권한을 존중한다지만 실질적인 결정은 그가 다한다. 시장의 의사 결정은 공적 과정보다는 선거와 관련해 이해관계가 있는 외부인의 일방적인 제보나 자신의 감정을 근거로 이루어진다. 따라서 지역의 자원 배분은 효율적이지 않고 낭비적이며 일방적일 때가 많다.

시장은 아주 작은 갈등만 예상돼도 예산 집행을 미루거나 방치하기 일쑤다. 예를 들면, 지역 축제를 전국적인 축제로 만들 수 있게 홍보를 강화하라고 지시한다. 그래서 지역 축제를 전국에 알리기 위해 언론에 홍보하자고 제안하면, 많은 언론사 중에 특정 언론사를 선정하면 분란을 만들 수 있으니 피하자고 거절한다. 도대체 어느 장단에 맞춰 춤을 춰야 할지 알 수 없다. 진정성 있는 해결 의지가 없는 '알리바이성 행정'이라고 밖에 볼 수 없다. 개인 일정으로 서울 출장을 가면서도 국회나 중앙부처 방문이라는 공적 명분을 달고 개인 일을 보는 경우도 비일비재하다. 행정의 사유화로 인해 주민 갈등은 심화하고 행정 시스템은 무기력해졌다. 심지어 이장이 면장의 인사를 챙겨주겠다는 어처구니없는 상황에 실소를 금할 수 없다. 잘하는 단체장도 많지만, 농촌지역 단체장의 사정은 대개 비슷하다. 법률적인 근거와 절차에 입각한 법치행정은 사라지고 인치만이 지방자치의 불을 밝히고 있다.

단체장의 건강 상태도 문제다

A군수는 선거가 끝나고 뇌졸중으로 쓰러져 심각한 인지 능력 저하가 있었지만, 그의 아내와 측근이 군정을 쥐락펴락했다. 그는 스스로 사퇴하지 않았고 다음 선거에는 그의 아내가 군수로 출마했지만 낙선했다. B시장은 3선에 성공했지만 고령으로 인지 장애가 생겨 사람을 알아보지 못했으나 시장직을 임기 끝까지 유지했다. 과거에 뇌졸중으로 쓰러진 국회의원도 끝까지 임기를 채웠다.

의회와 달리 행정은 단체장의 건강이 매우 중요하다. 선출되지도 않은 가족이나 측근이 권력을 행사하는 풍토를 방지하기 위해서 선출직 공무원은 1년에 한 번씩 건강검진을 받고 인지 상태를 점검받아야 한다. 개인정보라 민감하면 비밀이 유지되는 공적 시스템을 만들어 검증해야 한다. 선거직은 권력을 부여하는 것이 아니라 책임을 위임받는 자리이기 때문이다.

겨울철 제설 작업은 시청의 중요한 일이다

A시는 겨울에 눈이 많은 고장이다. 눈이 많이 내리는 날이면 공무원은 새벽 4시부터 도로의 눈을 치워야 한다. 도로의 중요도에 따라 순차적으로 눈을 치우지만 폭설이 그치지 않으면 제설은 지체되고 시민은 불만을 터뜨린다. 불가피한 사정을 설명해도 통행이 불편한 시민은 세금으로 월급 받으면서 할 일을 제대로 하지 않는다고 행정을 비난한다. 이미 화가 나서 시청에 전화해 따지는 사람을 설득하기는 어렵고 신속한 조치를 하겠다고 양해를 구한다.

이틀 동안 무려 26cm의 많은 눈이 내렸다. A시는 서해에 접해있어 겨울에 많은 눈이 내린다. 이른 새벽부터 시청 직원들은 바쁘게 제설 작업을 준비한다. 도로에 쌓인 눈을 치우는 일은 오랫동안 계속해 와서 어렵진 않다. 도심지 간선도로와 시 바깥으로 통하는 대표적인 고갯길부터 제설차로 눈을 밀어내고 염화칼슘을 뿌려 눈을 녹인다. 오전 8시부터는 전 직원이 동원되어 시내 상가 주변 인도의 눈을 쓴다. 전북도청에서는 아침부터 대설주의보 관련 문자를 무차별적으로 발송한다. 시청 당직실 전화기도 쉬지 않고 울려댄다. B면의 한 축산 농가는 눈 때문에 오리 출하를 못하니 대책을 마련해 달라고 당직실에 전화한다. 고갯길이 빙판으로 변해 운전할 수가 없는데 시청은 뭐 하느냐는 질타성 민원도 접수한다.

새벽에 눈이 많이 내리면 단체장들은 실효성 여부와 상관없이 공무원들을 비상소집한다. 동원된 직원들이 빗자루나 삽으로 눈을 치우는 것은 시민에게 열심히 일하는 모습을 보여주는 전시행정의 일환이지 제설 효과를 거두기 위해 하는 일은 아니다. 도로관리 업무부서에서 장비와 약품을 이용해 제설하는 것이 훨씬 빠르고 효과적이기 때문이다. 시장은 물론 공무원이면 누구나 아는 사실이다. 그래도 비상소집에 응하지 않으면 예기치 못한 봉변을 당할 수도 있다. 몇 해 전 A시에서 전 직원 제설 작업 동원 명령에 동장 한 사람이 불참하자 즉시 대기발령을 받은 사례가 있다.

시내 상가 앞 인도의 제설은 상가 주인이 해야 한다

상가 앞을 안전하고 깨끗하게 관리하는 일은 주인이 고객을 맞이하기 위한 서비스이자 의무다. 그러나 많은 자치단체에서 단체장의 지시에 따라 공무원이 아침부터 동원되어 인도의 눈을 치운다. 가끔 상가 주인들은 왜 빨리 인도의 눈을 치우지 않느냐고 시청에 항의하기도 한다. 선진국에서는 자기 집 마당 눈을 치우지 않아도 벌금을 물어야 한다고 하는데 우리나라는 자신의 상가 앞에 쌓인 눈을 공무원이 치우지 않는다고 오히려 화를 내니 적반하장이다.

행정의 과도한 친절로 시민들의 공동체에 대한 의무나 책임감은 점점 희박해지고 있다. 단체장은 선거에서 표를 얻기 위해 큰 일꾼 또는 하인임을 자처하며 방관한다. 당선되면 다음 재선을 준비하거나 정치적 입지 구축을 위해 마땅히 시민이 할 일을 직업공무원에게 대신시킨다. 눈 오는 날 공무원은 진짜 마당쇠가 되어 마당을 쓸어야 한다. 공무원은 행정서비스를 적시에 제공하는 직장인이지 누구의 종은 아니다.

전시행정에 유통기한은 없다

행정기관에는 홍보를 전문적으로 하는 부서가 있다. 홍보부서는 매일 언론사에 보도자료를 제공하고, 필요에 따라 부정적인 기사를 예방하거나 해명한다. 또한 의미 있는 정책과 성과 홍보를 위해 보도자료를 적극적으로 제공한다. 특히 단체장의 업적 홍보 등의 긍정적인 내용은 단골 메뉴다. 제공된 보도자료는 기사로 활자화되고, 홍보부서는 다시 그 기사를 스크랩하여 단체장에게 보고하며 공적을 자랑한다. 관청의 의지대로 홍보 기사가 100% 관철되진 않지만 대부분 긍정적 선순환이 이루어진다.

첨단 정보통신 기술은 중앙정부의 전시행정을 가능케 한다

명절이 다가오면 행정안전부 장관 주재의 전국 자치단체장 영상회의가 아침 8시 반에 열린다. 설 명절이 코앞이라 몸이 열 개라도 모자란 단체장 243명을 스크린 앞으로 호출한다. 단체장의 출석은 관련

국·과장과 실무자 등 적어도 20명 이상을 줄줄이 굴비 엮듯 회의실로 끌어낸다. 관계부처는 이런 비효율적인 상황을 알기는 할까. 아니면 알면서도 영향력 과시를 즐기는 것인가, 의구심이 든다. 수천 명을 영상 앞에 앉혀 놓고 경제부처와 노동부처의 장·차관이 대다수 지역과는 별로 연관이 없는 경제정책과 고용정책을 읽는다. 거시 경제정책의 방향이 어떻고, 고용지표가 어떻고 탁상공론을 펼친다. 집권 여당의 실세 장관은 현장 상황을 알고 싶다고 질문을 유도하나 모두가 꿀 먹은 벙어리다. 침묵의 순간을 견디지 못한 회의 진행자가 특정 지역을 지목해 발언을 유도하지만, 대답은 잘하겠다는 짧고 판에 박힌 말로 돌아올 뿐이다. 더 이상 묻지 말고 빨리 회의나 끝났으면 하는 바람의 적막만이 이어진다. 장관은 서둘러 쫓기듯이 회의를 끝낸다.

그러나 끝났다고 끝난 것이 아니다. 중앙 연결이 끝나면 도지사가 기다렸다는 듯이 도내 시장·군수들에게 모두 다 들은 이야기를 반복하여 요약 정리해준다. 그리고 재차 강조와 부탁의 말씀을 중언부언한다. 친절하긴 하지만 이미 다 들은 얘기를 왜 하는지 모르겠다. 나름대로 내공이 있는 기초 단체장 수준을 너무 낮게 본 것 같다. 한국의 행정은 아직도 전시행정의 틀에서 빠져나오지 못하고 있다. 그래서 여전히 무슨 일이든 보고가 가장 중요하고 늘 대책 회의가 필요하다. 정보통신 강국답게 메일과 문서로 처리하면 안 될까, 이런 의문은 부질없다.

AI 예방 대책 영상회의도 전시행정의 표본이다

조류독감이 발생하면 매일 오전 8시 반에 전국 지방자치단체 부단체장이 영상회의에 참석해야 한다. 참석자를 확인할 수 없는 영상회의지만 안전관리과장과 축산과장의 배석은 기본이다. 회의자료를 만든 계장이나 실무자, 유관 기관의 담당자도 역시 빠질 수 없다. 최소 10명 이상이 참석해야 하니 적어도 천 명이 넘는 공무원이 이른 아침부터 영상회의실에서 대기해야 한다.

회의 진행은 판에 박힌 듯, 농림부 장관이나 차관이 먼저 당부 말씀을 하고 농림부 국장이 상황 보고를 마치면, 미리 지정해둔 해당 지역 부단체장이 AI 상황을 보고한다. 보고는 누가 하나 비슷하게 '잘하고 있고 열심히 하겠다.'라는 다짐을 각오한다. 일선 공무원들은 예찰, 예방, 소독, 점검, 살처분, 통보를 위해 현장에서 뛰어야 하는데, 이른 아침부터 회의실에서 자료를 만들거나 영상을 보고 있다. 회의는 시종일관 농림부가 지방자치단체에 일방적으로 지시하고 보고받는 형태로 진행된다.

AI가 발병하면 대책은 행정이 세워도 살처분 당사자는 축산회사와 농장주지만 현실은 다르다. 조류독감 확산에 가장 큰 책임을 져야 하는 축산회사나 농민은 회의에 참석조차 하지 않는다. 그들은 정부 회의가 끝나면 지자체 공무원에게 전화로 전달받을 뿐이다. 공무원이 점검을 나가면 농장주는 현장 출입을 금지하면서 말로만 잘하고 있다고 보고한다. 공무원은 농장에 들어갈 수 없으니 확인할 수도 없다.

현장과 유리된 그야말로 보고에만 힘을 쏟는 탁상행정의 표본이다.

저녁 8시가 넘어 가축건강팀장에게 전화가 왔다. 설날 당일 AI 영상 회의가 예정됐으니 부시장이 참석하라는 농림부 지시가 있는데 가능하냐고 묻는다. 단호하게 거절하며 육두문자를 혼잣말로 날렸다. 보고와 체면을 위한 전시행정을 집어치우라고. 담당 계장은 괜히 자신이 죄송하다고 말한다. 죄송할 일이 뭐가 있을까 싶지만, 그냥 불안한가 보다.

살처분은 피할 수 없는가

매년 겨울마다 연례행사처럼 조류독감이 발생한다. 작은 케이지에 수만 마리의 닭과 오리를 밀식 사육하니 면역력이 떨어져 바이러스에 쉽게 감염되기 때문이다. 조류독감이 발생하면 농림부 지침에 따라 발생 농가뿐만 아니라 일정한 거리 내에 있는 주변의 닭과 오리 농장의 가금류까지 예외 없이 일률적으로 살처분해야 한다. 산으로 가로막혀 왕래가 어려운 지역이나 야생조류로 인한 감염 염려가 없는 지역까지 무차별적으로 살처분 기준을 적용하니, 지나치게 행정 편의적이라는 비판이 따른다. 검사 결과 음성이 나왔지만, 예방적 살처분 명령을 받은 농가 중에는 행정심판을 청구하고, 불교계나 동물 복지 단체에서는 반생명적 살처분을 즉각 중지하라는 호소문을 내기도 한다. 정부가 살처분 피해에 대해 대부분 보상해주기 때문에 조류독감이 발생해도 사육 농가나 축산 대기업은 피해를 거의 받지 않아, 질병의 예방과 관리에 소홀한 경향도 있다. 가끔 일부 농가는 살처분 대상이 아닌데 추가 살처분을 요구하는 도덕적 해이도 보인다.

겨울철 조류독감의 피해는 닭이 많이 보지만 전파는 오리가 담당하는 편이다. 최근에는 조류독감이 널리 퍼지는 겨울에 오리 사육 휴지기를 두어 발생이 잠잠해졌지만, 근본적인 대책이 아니라서 언제든지 다시 발생할 염려가 있다. 일단 조류독감이 발생하면 전국적으로 수천만 마리를 살처분하고 있다. 살처분 마릿수가 워낙 많으니 농가에서 자체적으로 할 수가 없어 군인, 학생, 공무원까지 동원해 살처분했으나, 사회적인 반발이 심해 지금은 민간회사에 맡겨 주로 외국인 노동자가 살처분한다.

그동안 아무런 보상 없이 관행으로 동원한 군인, 학생, 공무원은 부모와 노조가 반대해서 빠지게 됐다. 무조건적인 살처분에 반대하는 농가와 단체들이 늘어나고 집단행동까지 불사하고 있어 농림부의 일방적인 지침을 다시 생각하게 한다. 과연 살처분이 최선인지 의심스럽다.

살처분이란 말은 불편하다

생명 경시에 대한 반감을 피하기 위한 행정 편의주의적인 용어로 포장되었지만, 정확히는 예방 몰살이라고 해야 하지 않을까. 살처분 경험은 끔찍하다. 살처분에 동원된 사람은 먼저 얼굴에 마스크와 수경을, 손에는 목장갑과 고무장갑을, 발에는 덧신과 장화를 신고 머리부터 발끝까지 완벽하게 차단되는 방호복을 입는다. 한 번 사용하면

버려야 하는 일회용 복장을 다 차려입는데 십만 원에 가까운 많은 예산이 든다.

비닐하우스 평지에서 사육하는 오리나 닭의 살처분은 먼저 사람들이 들어가 사육장 안 입구에 넓은 비닐을 깔고 오리나 닭을 몰아간다. 본능적으로 죽음을 예감한 닭과 오리들은 적극적으로 반항은 하지 않아도 심한 악취를 내 뿜고 깔아 논 비닐로 가지 않으려 한다. 모두 비닐에 올라가면 비닐을 끝에서부터 접어가면서 무리를 가둔다. 다 가둬지면 비닐을 들어 밀폐시킨 후 가스를 주입해 질식시킨다. 케이지에 있는 닭은 전체를 밀폐시켜 가스를 주입해 질식사시킨 후 자루에 담아 처리한다.

질식사한 사체를 처리하는 것도 힘들지만, 움직이는 닭과 오리를 산 채로 자루에 집어넣는 일은 인간으로서 겪을 수 없는 괴로움을 준다. 비위가 약한 직원은 그 자리에서 토하기도 한다. 처리한 사체는 과거에는 적당한 땅에 묻었으나 지금은 매립 장소도 부족하고 2차 오염도 우려돼 플라스틱 통에 넣어 썩히거나 랜더링을 한다. 악취나 사후관리가 어려워 현장에서는 사체를 완전히 갈아버리는 랜더링을 선호한다. 렌더링은 살처분한 가축 사체를 분쇄한 뒤 고온·고압으로 멸균 처리하고 미생물과 함께 발효시켜 퇴비로 활용하는 작업이다.

구제역이 발생하면 더 힘들고 더 끔찍하다. 구제역은 발굽을 가진 소나 돼지에게 발생하는 감염병이다. 처리 방법은 조류독감과 비슷해 발생한 지역 인근의 소나 돼지를 모두 살처분해 매립한다. 닭과는 달리 덩치가 커서 쉽게 죽일 수도 없고 매립할 땅도 부족해 사후 처리도 어렵다. 예방이 최선이지만 현재 사육 방식으로는 발생을 피하기 어렵다. 때로는 구제역 청정지역 유지를 위해 늑장 대응하기도 한다. 인수공통감염병 예방과 방역 과정은 일종의 다양한 이익생태계가 형성돼 구조적인 이해관계에 따라 움직인다. 지금 같은 방식으로는 사전에 방지하거나 생명 중시의 친환경적인 처리를 할 수 없다.

···

인사는 만사거나 망사다

인사는 조직의 목표 달성을 위해 인적자원을 효율적으로 관리하는 활동이다

인사의 범위는 보통 임용, 교육훈련과 능력발전, 사기진작과 동기부여 그리고 정치적 중립 같은 행동 규범과 징계로 나눈다. 그러나 실질적으로 공무원에게 제일 중요한 인사 관심사는 승진과 승진하기 좋은 자리로의 이동이다. 글로벌기업 구글에서는 승진하고 싶으면 스스로 승진 후보자로 지원해 면접을 볼 수 있다지만, 공무원은 직급에 따라 법으로 정한 소요 연한을 채우고 근무평정 점수가 승진 배수 안에 들어야 승진 후보자가 될 수 있다.

승진 후보자가 정해지면 인사권자가 자신의 판단에 따라 승진자를 낙점한다. 보통은 관리자인 국장이나 실장에게 권한을 위임해 후보자를 추천받아 중간관리자인 과장이나 팀장을 승진시킨다. 하지만 많은 단체장이 모든 승진 인사를 독점적으로 행사한다. 공무원 출신은 공무원 인사에 대해 자신이 잘 알고 있다는 이유로, 비공무원 출신은 공무원을 믿지 못해서 법적인 인사 권한조차 간부에게 위임하지 않는다. 그들은 어떤 외부 청탁이나 인사 외적인 요인에 흔들리지 않고 소신껏 자신의 의지를 관철한다고 주장한다. 실제로 외부 청탁이 있으면 당사자를 승진 인사에서 제외하는 보여주기식 강수를 두기도 한다. 진급에 들뜬 승진자가 정당한 인사 결과를 관련 없는 외부인의 공으로 돌리거나 아니면 쓸데없는 부탁으로 개인적인 친분관계를 껄끄럽게 만들기 때문이다.

인사에 대한 이런 인식은 일견 타당해 보이지만 꼭 옳은 것은 아니다. 승진자야 오랫동안 기대해 왔으니 누구에게라도 감사의 마음을 가질 것이다. 그러나 자치단체장이 직업공무원을 규정에 따라 승진시키고 감사 인사를 기대하는 마음이 타당한지는 모르겠다. 직업공무원은 법이 정한 기간이 지나고 업무처리 능력을 인정받으면 인사제도에 따라 당연히 승진할 수 있다. 물론 승진 자리가 적어 항상 경쟁이 치열하다. 그래도 인사가 공정하면 승진은 할 만한 사람이 하게 된다.

문제는 단체장이 승진할 만하다고 생각하는 사람이 실제 업무 능력은 형편없을 경우이다. 관료제 구성과 운영상, 단체장은 보통 간부에게 업무 지시를 하지, 일반 직원에게 업무 지시를 하거나 보고받지 않는다. 그럴 시간조차 내기가 어렵기 때문이다. 그러다 보니 단체장은 외부 행사나 해외 출장 시 의전을 잘하거나, 업무보고 때 인상에 남은 직원에게 관심을 보이는 경향이 많다. 게다가 직원에 대한 평가를 현장에서 직접 지휘하는 직원의 상사보다는 인사팀이나 비서실에 의존하는 경우가 많다.

비서실이나 인사부서는 직원 평가 때 현장 부서의 의견보다 지원 부서의 편의를 더 중요하게 생각하는 경향이 있다. 때때로 그들은 현장 부서장이 평가한 결과를 자의적으로 조정하거나, 가끔 왜곡해서 보고하기도 한다. 그래서 눈치가 빨라 의전에는 귀신같지만, 실제 일처리는 개살구인데 어이없게도 업무 능력을 인정받고 승진하는 직원이 의외로 많다.

인사권자는 개인의 선호나 감이 아니라 시스템과 현장을 중시하는 인사를 해야 하지만 말처럼 쉽지 않다. 성과나 원칙이 아닌 감이나 인연에 의한 인사 처리는 조직의 간부나 직원들에게 잘못된 신호를 보낸다. 특히 국장이나 과장 등, 현장 책임자가 직원들의 승진이나 인사에 별 영향을 끼칠 수 없다고 생각하면, 직원 중에는 일보다는 잿밥에 신경을 쓰는 사람이 많아진다. 그래서 보직 경로를 통한 체계적인 일처리 능력 향상 노력보다는 승진에 유리한 자리만을 살피고, 기회가 있을 때마다 줄을 대 옮기기 위해 노력한다.

승진 서열이 상위권이라 진급이 무난한 직원이 이유도 모른 채 승진에서 누락 되자 충격과 창피함 때문에 휴가를 냈다. 당사자와 마찬가지로 승진 못 한 이유를 알 수 없는 관리자로서 자괴감만 느끼고 어떻게 위로해야 할지가 난감했다.

"일 잘하고 성과도 충분하고 순서도 빠른 직원에게 사무관 승진 하나 시키지 못한다면 도대체 어떤 명분으로 일을 시킬 수 있겠는가?"

승진을 눈앞에 둔 공무원은 직급에 상관없이 항상 기대하고 한편으로는 불안에 떤다. 그리고 각종 소문과 추측에 귀를 세우고 승진자 발표 날까지 긍정과 부정의 감정이 롤러코스터를 탄 것처럼 왔다 갔다 한다.

"나도 누군가에게 부탁이라도 해야 하지 않을까? 서열이 안정적인 내가 설마 승진을 못 할까? 그런데 비서실에 안 찾아가도 될까? 우리 국장을 믿어야 하나? 잘 되겠지, 안 되면 될 대로 되라지 뭔 수가 있나?"

야구만 끝날 때까지 끝난 것이 아니라 승진도 발표 때까지 피를 말린다. 그리고 발표 결과는 절반 이상의 사람에게 패배감과 좌절감, 실망감을 준다. 실망이 심한 사람은 먼저 승진한 사람을 원망하고 상사의 무능을 비난하며 소심한 반발을 하지만, 결국 시간이 약이라는 말만 확인할 수 있을 뿐이다. 가능하면 빨리 잊고 다시 뛰지 않으면 자신만 손해이기 때문이다.

같은 조건이라도 누구는 승진하고 누구는 승진하지 못한다. 승진하려면 법적 기간을 넘기고 최소한 승진 배수 안에는 들어야 한다. 직급에 따라 다르지만 적어도 자신의 승진을 지원할 수 있는 강력한 인맥도 필요하다. 경쟁자도 최선을 다할 것이기에 조금만 방심해도 순위가 뒤바뀐다. 결국 무한경쟁으로 내몰려 승진 1순위가 되어도 안심할 수 없게 된다.

"뛰는 놈 위에 나는 놈 있고, 나는 놈 위에 타는 놈 있다."

이 말이 그저 웃자고 있는 이야기는 아니다. 대부분 사람은 자신이 원하거나 보고 싶은 것만 보는 경향이 있고 그것을 사실이라고 믿는다. 특히 자신이 진급해야 하는 이유를 객관적인 근거 없이 자신한다. 물론 이유 없이 비관론에 빠지기도 하며 냉·온탕을 오간다. 본인 판단에도 확신이 서지 않기 때문이다. 나는 공자님 말씀처럼 조언한다.

"준비하고 때가 되면 이룰 수 있으니 조급한 마음으로 자신을 그만 괴롭혀라."

그래도 당사자는 늘 불안하다. 심정은 이해하지만 도울 길이 없다. 설령 있어도 관리자가 나서기는 어렵다. 승진은 제로섬 게임이기 때문이다. 어떤 이의 환호는 다른 이의 탄식이다. 단체장과 막역한 사람이 지원한다고 기대하지만, 실상은 다를 가능성이 높다. 인사권은 단체장의 권한이기 때문에 다른 사람은 행사할 수 없다. 민선 단체장이면 얼마나 많은 친분이 있겠는가? 마음 편히 가지고 담담히 기다릴 수밖에 없다. 그렇지 않으면 스스로 지옥으로의 길로 향하는 꼴이 된다.

인사철에 직원과 상담하면서 사람들은 자신이 맺는 인간관계에 대해 얼마나 자기중심적으로 판단하는지 확인할 수 있었다. A는 비서실장이 과장일 때 함께 근무한 적이 있으니 도움이 될 것 같다고 기대했지만, 막상 확인해 보니 비서실장은 그를 매우 못마땅하게 생각해 오히려 진급을 가로막았다. B는 승진 서열 1번이고 나이도 많아 사무관 승진이 유력했지만, 후배인 C가 자격증 점수로 순위를 뒤바꿨다. 그리고 유력한 언론인의 지속적인 지원으로 소리 없이 진급했다.

D와 E는 업무 능력보다는 자신의 업무와 관련된 유력한 사회단체 회장을 믿고 승진을 향해 뛰었지만, 번번이 낙동강 오리알 신세를 면치 못했다. 그나마 E는 더 이상 기대할 수 없다는 사실을 깨닫고 대학에 관련 업무 센터가 생기자 발 빠르게 지원해 정년보다 2년 더 일할 기회를 잡았으나 D는 사무관으로 정년퇴직했다.

F는 사무관 진급이 거의 확정적이었으나 음주 운전으로 무산되고 다음을 기다리던 G는 어부지리(漁夫之利)를 얻었다. H는 인사철만 되면 자신의 부정적인 평가에 아랑곳하지 않고 장마다 꼴뚜기처럼 승진을 호소하며 이리저리 뛰어다녔다. 마침내 그도 몇 번의 좌절 끝에 그의 동기보다 늦게 진급했다. I는 6급 시절에는 뻔질나게 국장 방을 드나들며 보고하면서 존재감을 보였으나 사무관 진급 후에는 일을 아래 직원에게 떠넘기기 일쑤라는 평판이다. 나중에 확인하니 그동안의 보고서도 거의 아래 직원이 작성한 것이었다.

...

권한 위임이 인사 성공의 지름길이다

행정 조직은 목표 달성을 위해 공무원을 적재적소에 배치해 성과를 거둔다. 개인에 대한 평가가 객관적으로 투명하고 공정하면 목표 달성은 자연히 따라올 것이다. 그렇지 않고 원칙과 기준 없이 사적인 인연이나 부당한 거래를 통한 인사가 이루어지면 조직은 무능하고 부패한다. 그로 인해 행정서비스가 부실해지고 국민의 안전과 복지는 점점 멀어진다. 지속적인 행정서비스 제공을 위해 공무원 인사제도는 투명하고 공정하게 잘 만들어져 있다.

명확한 성과평가가 어려워 실적주의 적용이 어렵다 보니, 연공서열이나 직제순에 따른 쉬운 방식의 평가를 선호하는 경향이 많다. 제대로 된 성과평가를 위해서는 호봉제에서 벗어나 직무급제로 바꾸어야 한다고 주장하지만, 노동조합의 완강한 반대로 쉽지 않다. 업무의 효율성을 높이고 근로시간을 줄이기 위해서는 반드시 새로운 기준 적용으로 객관적인 성과평가가 있어야 한다.

연공서열은 직업공무원 제도의 원칙이 아니다

조직에 오래 근무한 연장자 위주의 승진 인사를 흔히 '연공서열주의'라 하지만, 공무원 인사의 기본원칙일 수는 없다. 과거에 미국에서 선거를 도운 사람을 관료로 채용하는 엽관주의(spoils system) 행태가 있었지만, 지금은 민주주의 국가들 가운데 엽관주의를 표방하는 국가는 없다. 우리나라 역시 공무원제도로 직업공무원제와 실적주의를 택하고 있다. 실적주의는 능력과 자격, 성과에 따라 평가하여 인사에 반영하는 제도이다.

성과를 계량화하기 어렵고 예방의 효과를 인정하지 않는 평가방식 때문에, 공무원 사회에서 실적주의는 그야말로 구두선(口頭禪)에 불과하다. 오히려 전시행정에 능하고 홍보를 잘하며 의전에 밝고 눈치 잘 보는 보신주의에 익숙한 사람이 우대받는 결과를 낳고 있다. 상급자나 인사권자는 그들의 '눈치 보는 보신주의'가 편하고 익숙해 점점 객관적인 평가를 하기 어려워진다. 이러한 관행은 너무 오래되고 모두에게 관련되어 있으며 누구나 따라 할 수 있으므로 문제가 있다고 인정해도 쉽게 개선하기가 어렵다. 혁명적인 조치 없이는 비능률과 비효율의 대명사인 연공서열이 기준이 되는 평가가 지속될 것이다.

권한위임이 성공의 지름길이다

계층적 조직구조인 공무원 조직에서 업무의 위임은 업무 효율성과 조직 관리를 위해 필수적이다. 위임은 관리자에게 업무의 권한과 책임을 함께 부여해, 직원을 이끌고 성과를 내는 핵심 수단이다. 그중에서 특히 중요한 위임은 승진 인사에 대한 권한위임이다. 직원들의 자발적인 노력과 성과에 걸맞은 보상을 직속상관이 할 수 없다면 관리자의 리더십은 손상을 입기 때문이다. 아무리 다양한 경험과 능력을 갖춘 단체장이라 할지라도 큰 조직의 모든 일을 다 알거나 관리할 수는 없다.

특히 현대 행정수요는 코로나 팬데믹에서 보듯 엄청나고 다양하며 어려워지고 있다. 단순히 주민을 지원하고 관리하는 것이 아니라 새로운 감염병이나 기후 위기 등으로 촉발된 예측하기 힘든 위험에서 국민을 보호하고 지원해야 한다. 따라서 이제는 사람이 아닌 시스템으로 일하고 재난 지원보다는 예방에 중점을 둬야 하며 현장의 성과를 가장 중요하게 평가해야 한다. 아울러 행정은 매우 전문적이면서 종합적인 능력을 키우고 책임감 있는 전문직을 양성해야 한다. 그러기 위해서 먼저 행정의 기본 원칙인 권한과 책임을 위임해야 한다.

직업공무원이지만 인사 권한을 행사할 기회를 얻었다

20XX년 12월 정기인사는 근평 시스템을 철저히 적용해 실시했다. 근평은 상급자가 함께 일하는 하급자의 근무성적을 평가하는 일 방향성 평가지만 명확한 기준이 있고 예측도 가능해 단체장의 낙점보다 상대적으로 낫다.

인사철이 가까워지자 직업공무원 출신 시장권한대행에 대한 면담 요구와 하소연이 그칠 줄 몰랐다. 만나서 얘기하면 누구나 다 절절한 사연이 있다. 가장 대표적으로 내세우는 이유는 본인은 일만 했다는 것이다. 일 열심히 하면 되지 또 무엇이 직장생활에서 필요하냐고 반문하면, 자신은 정치를 하지 못한다고 대답한다. 조직에서 인정받고 승진하려면 일도 잘하고 상사도 잘 모셔야 하는데, 자신은 대인관계를 잘 맺지 못했다고 말한다. 융통성이 부족해 승진 서열이 낮으니 한 번만 배려해주면 그 은혜는 절대 잊지 않겠다며 호소한다. 앞으로는 자신이 알고 있는 사실을 잘 실천하라고 말하고, 가능하면 고려해보겠다며 대화를 끝낸다. 가능성이 크지 않다는 말은 입 밖으로 내지 않는다. 인사 때마다 나를 찾는 직원 대부분은 일을 통한 평가보다는 욕심이 앞선 사람인 경우가 많다. 어떤 인사 결과도 대다수는 실망하고 소수만이 환호한다. 승진 자리는 적고 경쟁은 올라갈수록 치열하기 때문이다. 승진 여부를 떠나 승진 후보자들이 인사 과정이 부당하지 않았다는 평가만 해도 성공이다. 누구에게나 승진해야만 하는 개인 사정이 있고 소망이 있다.

"함께 임용된 동기들은 거의 다 승진했다. 사무관 진급을 해야 족보에 올라가는데, 지금 아니면 기회가 없다. 30년 넘게 일했는데 아직도 사무관이 못돼 가족 보기가 민망하다. 아무리 노력해도 정치력이 부족해 따라잡을 수가 없다."

개인의 사정을 일일이 고려하고 사람 중심으로 고민하면 인사의 어려움은 해결하기 어렵다. 정해진 근평 원칙을 직원과 공유하고 인사권자의 자의적 판단과 기준은 배제하며 시스템에 따라 결정하면 잡음은 크지 않다. 하지만 말처럼 쉽지 않다. 사람에 대한 선입견은 주관적인 편견과 편향으로 이어지기 쉽다. 그래서 나는 자리를 옮길 때 가능하면 사람에 대한 사전 정보를 멀리하는 편이다. 그 자리의 전임자나 관련자가 반드시 객관적이라고 판단할 수 없기 때문이다.

 인사는 조직의 목표 달성을 위해 구성원의 사기 진작과 자발성을 끌어내는 가장 중요한 수단이다. 인사가 만사라고들 하지만 사실 인사는 아무것도 아닌 경우가 더 많다. 그저 개인적인 이해관계와 욕망이 표출되는 정기적인 이벤트에 불과할 뿐이다. 특히 단체장이 상식적이지 않은 방식으로 결정해 객관성을 기대할 수 없을 경우가 더욱 그렇다.

총무과장은 아무나 할 수 없다

 A의 목표는 자서전 도서관 건립이다. 그의 명함은 여느 공무원 명함과 달리 자서전 수집가라고 앞면에 쓰고 뒷면에는 거창한 인생 목표를 밝혀 놓았다. 그는 예사롭지 않은 명함을 동료와 지인에게 건네며 친절히 설명해준다. 가끔 자신의 근황을 알리기 위해 선거 입후보자의 출판물 사진을 SNS에 올려 선관위의 주의를 받고 내리기도 했다. 어느 날 그가 지역발전을 위해 전망 밝은 사업을 설명하겠다고 사무실로 왔다. 출처와 근거가 불분명한 1인당 국민소득과 여가생활의 관계를 들먹이다, 이제 3만 달러 시대가 됐으니 승마의 대중화가 될

거라고 주장하며 말산업 육성을 강변한다. 마침 정부에서도 마사회와 함께 말산업 육성을 위한 공모사업을 준비 중이니 적극적으로 나서겠다는 것이다.

"정부 예산확보를 위한 사업공모라면 먼저 담당 과장님하고 상의해야죠."

"과장님 반응이 부정적이에요. 그래서 국장님한테까지 가서 설명했는데 이미 다른 지역에서 하고 있으니 상황을 보고 다음에 하자고 합니다. 부시장님이 지시하시면 제가 열심히 하려고 합니다."

"아니, 직속 상사가 하지 말자는 사업을 계통을 무시하고 내 지시로 추진하겠다는 것은 조직의 위계질서를 무너뜨리는 것인데 내가 승인하겠어요?"

"아, 갑갑합니다. 제가 해보려는데 도움은 주지 못할망정 막지는 말아야 하는데 과장이 벤치마킹 출장 결재를 해주지 않아요."

"조직 생활은 자신이 하고 싶은 일만 할 수 있는 게 아니잖아요. 과장님과 다시 상의하세요."

20년 넘게 공무원 생활을 하면서 처음 겪는 일이었다. 그는 들떠있었고 자기 확신에 차서 막무가내였다. 나는 그에게 상사와 조직을 설득할 기회를 주었다. 매주 금요일 아침에 열리는 '현안사업 협업회의'의 의제로 채택해 관련 부서와 토론을 했다. 그는 나름대로 많은 자료를 준비해 발표했으나 아무도 설득하지 못했다. 이미 다른 지역에서 진행하는 사업으로 타당성도 약하고 중복 사업이라 실현 가능성도 의심스럽기 때문이었다.

그 후 그가 병가를 냈다. 대수롭지 않게 생각했는데 우울증이 심해 요양이 필요하다는 보고를 받았다. 몇 번의 승진 인사에서 누락돼 불만과 상심 때문에 거의 매일 과음을 했다고 한다. 사무실에서는 성과로 실력을 보여줘 진급하겠다는 생각으로 신규 사업 발굴과 국가 예산확보를 위해 말산업 특구 사업에 매달렸다. 그의 상사이자 사적으로는 매형이 말리자, 그는 새벽 4시에 사무실에 나와 사업계획서를 만들고 집에 돌아가 9시에 다시 출근하는 생활을 반복했다. 아무리 말려도 소용없었다. 그의 매형이 문제의 심각성을 느껴 가족과 상의하여 당사자의 반대에도 불구하고 병원에 입원시켰다.

누구나 그렇듯이 그도 원래부터 감정의 기복이 심했거나 비상식적인 행동을 했던 건 아니다. 동료들이 호의적으로 평가하지는 않았지만 사무관 승진이 가능한 중요부서의 주무 계장도 했다. 그는 업무성과보다 총무과장과의 관계를 돈독히 하는데 신경을 많이 썼다. 총무과장의 공·사간 대소사를 위해 동료들의 따가운 시선도 무릅쓰고 발에 땀이 나도록 뛰었다. 그 덕분에 좋은 자리로 옮겼으나, 직속상관과의 불화와 기대에 못 미친 업무 능력 때문에 점점 밀려나기 시작했다. 엎친 데 덮친 격으로 뒤를 봐주던 총무과장까지 국장으로 진급해 자리를 옮기자 그는 끈 떨어진 연 신세가 됐다. 손에 거의 잡힐 듯 다가왔던 사무관 승진은 오히려 점점 멀어져 가고, 음주와 신세 한탄의 악순환이 이어졌다. 급기야 실세라고 믿었던 국장에게 찾아가 항의하고 책임을 물었지만, 그마저 부패방지법 위반 혐의로 조사받고 있어 제 앞가림조차 힘든 상태였다.

총무과장 B는 전 시장 밑에서 시청 내 유일한 실세이자 선거 캠프의 대리인이라고 공무원들은 믿었다. 그도 그럴 것이 지난 시장 선거에서 당시 현 시장을 추종하지 않고, 유일하게 상대 후보를 대놓고 지지했는데 지지한 후보가 당선됐기 때문이다. 그 덕에 시장이 취임하자 일개 면장에서 바로 본청 총무과장으로 영전한 뒤 4년 동안 시청 인사에 영향을 미쳤다. 그는 자기와 고향이 같거나 함께 근무했던 직원들을 요직에 대거 발탁하고 중용했다. 직원들은 그에게 인사철은 물론 평소에도 줄을 대기 시작했다. 영전이나 승진을 위해서 뛰는 직원들도 있었지만, 아직 승진 때가 안 된 직원은 그의 눈 밖에 나지 않으려는 의도였다.

그는 시장의 사적 선거운동 조직인 산악회 간부들과 인사 정보를 공유하고, 그들의 공무원과 승진을 위한 금전 거래 시도를 묵인하거나 조장했다는 의심을 받았다. 시중에는 산악회 누구, 체육회 누구를 통하면 승진이 가능하다는 소문이 파다했다. 그리고 일부는 소문대로 승진해 반신반의하던 공무원들조차 그들의 존재와 영향력을 믿게 되었다.

공무원의 근무평정은 인사시스템에 맞게 매년 2회씩 실시되고 있으나 근평과 승진의 상관관계는 점점 줄어들었다. 6급 근평 전체 1순위가 돼도 사무관 승진을 못 하고 대신 전혀 예측하지 못한 직원이 승진하는 사례가 많아졌다. 형식적으로는 인사시스템이 작동되고 있었으나, 실질적으로는 부당한 거래로 무력화됐다. 인사체계를 공정하고 투명하게 지켜야 하는 실무 책임자인 총무과장이 오히려 부당행위를 지원하거나 묵인하면서 자신의 사리사욕을 채우기 바빴다.

화무십일홍(花無十日紅)이고 권불십년(權不十年)이라는 말이 있다. 시장이 선거법 위반으로 낙마하고 부패방지법(김영란법)이 발효되자 그에게도 시련이 다가왔다. 그동안 그에게 충성했거나 차별받았거나 가리지 않고 직원들이 그의 비리를 투서하고 고발하기 시작했다. 다행히 그는 정년을 1년 앞뒀기에 명예퇴직을 하거나 1년 동안 공로 연수를 신청하면 여러 다툼에서 벗어날 수 있으리라 생각했다. 그러나 오산이었다. 비리 혐의로 감사나 수사 중일 경우 결과가 나올 때까지 퇴직이 유보되기 때문이다. 만일 형사처벌을 받게 되면 해임이나 파면으로 이어져 연금 혜택이 제한되므로 최종 결과가 나올 때까지 불안하게 기다려야 한다. 문제는 혐의없음 혹은 경징계가 결정되어 퇴직하려 해도 또 다른 투서나 고발이 이어질 가능성이 있다는 것이다. 그가 퇴직도 못 하고 근무도 할 수 없는 진퇴양난의 상태가 지속되자 시청 인사도 직무대행으로 발령할 수밖에 없어 조직이 불안정했다. 문제 해결을 위해 그에 대한 도청의 경징계 결정이 나자마자 그의 의원면직 신청을 받아 신속하게 퇴직 처리했다. 전언에 의하면 그는 기다리는 동안 대인기피증과 우울증에 시달렸다고 한다.

갑질과 성추행이 근절되지 않고 있다

"A시 A과장이 직위해제 당했다는 소식 들으셨어요?"

"아니, 무슨 소리야? 왜?"

"회식하면서 여직원의 몸을 더듬고…, 아무튼 추접한 짓을 했답니다. 참다못한 여직원이 문제를 제기하여 일단 직위해제를 한 후 조사를 진행 중이랍니다."

당황스럽다. A는 나의 호의를 저버렸다. 그는 A시에서 가장 고참 사무관이었지만 조직에서 인정받지 못해 외곽 사업소를 전전하고 있었다. 내가 A시에 부시장으로 갔을 때도 그는 경력에 어울리지 않게 외곽 사업소장을 하고 있었다. 내가 부임하자마자 가장 먼저 그는 내 사무실로 찾아와 축하한다며 앞으로 잘 부탁한다고 인사를 했다. 이후에도 틈나는 대로 내 사무실에 들러 자신의 처지를 이야기 하고 기회만 주어진다면 최선을 다해 보답하겠다고 했다. 그러나 주변의 평판이 좋지 않아 1년 동안 그대로 두고 관찰했다. 특별한 잡음도 없고 정년도 얼마 남지 않았기에 그를 주요 과장 자리로 발령 내고 마지막 기회 같으니 최선을 다하라고 격려했다. 그리고 도청으로 복귀한 뒤 잊고 있었다.

사실 A는 도청에서 근무할 때부터 평판이 좋지 않았다. 특히 잦은 과음과 주사 때문에 자주 입에 오르내렸다. 더구나 사무관 진급 시에는 여러 가지 좋지 않은 소문까지 들렸다. 내가 그와 함께 근무할 때는 문제가 없었는데, 아무튼 다른 동료들의 평가는 긍정적이지 않았다.

그러다 직원들의 상사평가에서 워스트 간부로 선정되어 치명타를 맞았다. 그는 스트레스로 정신과 치료를 받을 만큼 우울증에 시달렸다. 마침내 거의 진급을 포기한 채 고향인 A시로 전출을 갔다. 그런데 나를 다시 만나자 새로운 기회로 생각했던 것 같다. 나는 A시 총무과장에게 전화한 뒤 다시 확인했다. 총무과장은 직접 조사에 나서 그가 전임지에서도 비슷한 행동을 반복했고, 나중에는 회식 자리뿐만 아니라 사무실 근무 중에도 부적절한 말과 신체 접촉을 일삼았다고 했다. 그 정도라면 관용을 베풀지 말고 원칙대로 처리하도록 권했다. 총무과장은 당연히 그러겠다고 하면서 이미 노조에서도 문제 삼고 있고, 지역이 좁아 경찰도 알게 돼 주시하고 있다고 했다.

사람은 변하기 참 어렵다. 그는 20여 년 전부터 폭음과 주사가 심했다고 한다. 그러나 나와 술을 마실 때는 전혀 다른 예의 바른 직원이었다. 그를 아는 사람들은 그가 상사한테는 잘하지만 아래 사람에게는 조심성 없이 행동한다고 말했다. 폭음으로 결근한 적도 있고 주사 탓에 술집에서 소란을 피운 적이 있지만, 그 당시는 크게 문제 삼지 않고 눈감아 주기도 했다. 그도 술에서 깨어나면 문제의 심각성을 느꼈기에 몇 년 동안 금주하기도 했다. 하지만 이미 나쁜 이미지가 굳어져 어디를 가도 환영받지 못하고 때로는 소소한 분란을 일으켰다. 그러나 의외로 빠른 사무관 진급에 대한 풍문과 워스트 간부 낙인은 그를 우울증에 시달리는 외톨이로 만들었고 그것 때문에 쫓기듯이 전출을 갔다.

시간이 지나자 다시 과거의 나쁜 손과 입으로 돌아가 사고를 쳤다. 만약 그가 일반 회사 직원이었다면 아마 일찌감치 해고되었을 것이다. 어쩌면 취업 자체가 어려웠을지도 모른다. 정년이 보장되는 직업 공무원제도와 음주 주사에 너그러운 사회문화 덕에 그는 잘리지 않았다. 그래서 그의 나쁜 행동은 묵인되었고 그는 어떠한 처벌도 없이 자리를 지킬 수 있었다. 그러나 이제 정년과 진급의 목전에서 불명예스러운 혐의로 중징계를 받게 되었다.

공무원의 신분보장은 정파에 상관없이 행정의 연속성을 유지하여 더 나은 행정서비스를 주민에게 제공하라는 취지에서 도입되었다. 그러나 그의 행동으로 말미암아 공무원은 철밥통으로 불리고 무사안일한 집단으로 불려도 변명할 수 없게 되었다. 어느 집단이나 조직도 문제 있는 구성원이 없을 순 없다. 공무원 조직도 마찬가지이다. 모두가 충성심 높은 애국자이거나 청백리일 수 없다. 하지만 일반 조직보다 높은 윤리의식과 책임감이 필요하고, 성실한 태도와 공익적인 마인드로 일해야 한다.

이제 공무원의 과도한 신분보장에 대해 새롭게 고민해야 한다. 세상은 빠르게 변하지만, 행정은 아직 그 속도에 적응하지 못하고 있다. 언제나 문제는 사람이다. 빠른 변화를 무시하거나 적응하지 못한 공직자를 계속 배려하고 감쌀 수 없는 시대이다. 각성해야 할 때다.

6

...

권력형 민원에 공무원은 힘들다

A시의원이 금요일 오후에 이어 다시 부시장실에 왔다.

"부시장님, 도원천 물놀이 시설 보상 좀 해줘요. 죽겠네."

"하천 내의 컨테이너나 평상 설치는 하천법을 위반한 철거 대상으로 보상금을 지불할 수 없어요."

"아니, 지난번에 직원이 와서 감정평가하며 보상해준다고 했어요. 그리고 전 시장이 약속도 했고."

"제가 그런 보고 받은 적이 없고요, 작년에 철거하려고 했는데 업주가 아이 학교 졸업하는 올해까지만 하고 자진 철거하겠다고 전임 시장님에게 약속했다는데 무슨 소린가요?"

"그러니까 철거할 테니 투자한 비용을 보상 좀 해주라는 거죠. 직원이 약 이천만 원 정도라고 평가했는데, 천만 원은 다른 사업자에게 갹출할 테니 시에서 천만 원만 보상해줘요."

"아 의원님이 잘 아시면서, 예산에 없는 돈을 어디서 마련해 주라는 거예요. 안됩니다."

"내가 행정 30년 했는데 다 준비할 수 있어요, 부시장님이 승인만 하면 돼요."

"도대체 불법행위에 대해 무슨 명목으로 보상금을 주라는 겁니까?"

"생활안정자금 지원 같은 걸로 주면 돼요, 먹고 살게는 해줘야죠."

"그분은 수급자도 아니고 그동안도 잘살아 왔는데 무슨 근거도 없는 생활안정자금을 줄 수가 있어요? 더구나 만약 보상금을 지급하면 도원천 수계 내 불법 시설물 7곳과 형평성 논란이 생겨 앞으로 강제철거가 불가능해집니다. 의원님이 이해해 주세요."

"뭐요! 지금 보자 보자 하니까 사람 우습게 보여!"

"그럼, 지금 OO테마파크부터 철거하라고, 내가 그냥 안 둘 거야."

"어디 한번 해보자고, 말로 하니까 이것들이 정말."

갑자기 그는 정색하며 소리를 지르고 반말로 위협을 하기 시작한다. 그리고 자리를 박차며 나가려고 한다. 그냥 나가게 내버려 둘 것인가, 아니면 진정시켜 대화를 더 나눌까 고민했다. 워낙 막무가내 성격이라 선거철이라는 상황을 참작해 그의 손을 잡고 체면을 지켜줬지만, 요구는 들어주지 않았다.

사정은 이렇다. A시는 상수원이 흐르는 도원천의 수질오염 예방을 위해 주요 구간에 추가로 진입 방지 펜스 설치를 추진하기로 했다. 지역 시민단체들이 A시 상수원인 옥정호 개발 반대 시위를 하면서, 도원천 관리에 문제를 제기하고 있었기 때문이었다. 따라서 하천 내 불법 시설물의 자진 철거 공문을 보내고 응하지 않으면 강제 철거 계획임을 알렸다. 그러자 시설을 설치한 업자가 지역 시의원을 통해 협박과 보상금 지급을 요구한 것이다.

지방자치가 부활한 이래로 권력형 민원은 점점 증가하고 있다

특히 지역 내 일부 자영업자(식당, 건설, 건축업자 등)들은 정당에 가입한 후 시장이나 의원 후보의 선거운동을 직접 지원하고 거액의 후원금까지 협조한다. 지지하는 후보가 당선되면 그들 중 일부는 인수위원회에 들어가 활동하면서 단체장의 측근 행세를 하며 시 간부들과 관계를 만든다. 인사철이 되면 그들은 공무원 서열 명부를 입수한 후 공무원에게 접근해 승진이나 전보 관련 거래를 제안한다. 인사 내용이 공표되기도 전에 측근들에게 유포되고 소문이 현실이 되면, 그들은 공무원에게 단체장의 핵심 세력으로 각인돼 자발적인 협조를 얻게 된다. 위세가 알려지면 그들은 서서히 발톱을 드러낸다. 몇몇은 체육회나 새마을협회 등의 관변단체 대표직을 수행하면서 인사에 개입하거나 사업 이권을 따낸다. 가끔은 직업공무원 중에서도 선거에서의 공로를 인정받아 총무과장으로 임명돼 그들의 매개체 역할을 한다. 일부지만 지방의원 중에도 불법행위를 방조하거나 적극적으로 협조한다.

신문사 대표 A는 퇴직을 목전에 둔 지방기상청 공무원과 함께 농업인에게 지역 기상정보를 휴대폰으로 직접 제공하는 시범사업을 했다. 그리고 20XX년 본격적인 서비스 제공을 하겠다며 시청에 약 2억

원의 지원을 요구했다. 시장의 검토 지시가 떨어지자 관련 농업부서와 예산 부서는 적극 반대했다. 이미 기상청에서 지역별 기상 현황 서비스를 제공하고 있어 중복적이고, 또한 기상이변이 발생하면 시청에 보상책임을 지울 것으로 예상된다는 것이다. 보고받은 시장이 수긍하고 안 되는 일로 했는데, 20XX년 예산에 반영되고 의회의 의결도 받아냈다. 귀신이 곡할 노릇이었다. 알고 보니 선거를 코앞에 둔 시장이 관련 부서도 모르게 예산과장에게 지시해 일어난 해프닝이었다. 그러나 시장이 중도하차하고 권한 대행 체제가 되자 그 사업은 보류되었다. 담당 부서의 적극적인 만류와 예산과장과 권한 대행이 예산 낭비 사례라고 인정했기 때문이다. 사정이 이러한데도 A는 끈질기고 집요했다.

한번은 지방의원이 전화를 했다.

"부시장님, 농업인들에게 기상서비스를 직접 제공하는 사업이 영농에도 도움이 되고 반응이 아주 좋던데 왜 예산 집행을 안 하고 있어요? 전임 시장이 약속한 사업이고 사업자가 준비도 다 했다는데."

"기상서비스 제공사업은 담당 부서에서 동의한 적도 없고 중복적인 사업이라 할 필요가 없다고 보고 받았는데요. 그리고 설령 진행한다 해도 공개입찰로 사업자를 선정해야 하는데 도대체 누가 준비를 했다는 말인가요?"

"아니, 부시장님이 하지 말라고 해서 못 한다고 담당자가 말하던데요."

"그럴 리가요, 그 사업은 담당 부서에서 예산 낭비이고 특혜가 우려되어 분명히 반대한 사업입니다."

"다 좋다는데 긍정적으로 한번 검토해 주세요."

시장출마를 선언한 지방의원의 전화는 그 후로도 이어졌다. 심지어 A시 행사에 참석한 광역단체장 부인을 통해서도 계속되었다.

권력형 이권 개입은 다양하고 지속적이다

A시에서 아주 조그만 통신사업을 하며 수시로 시청에 들러 공무원과 친분도 쌓고 관급공사도 제법 따냈던 B가 시의원이 되었다. 그는 의회 활동을 하면서 업자 시절 때의 친절함과는 딴판으로 공무원을 거칠게 대했고 때로는 공식회의에서 모욕도 주었다. 나이 많은 사람에게 반말투로 말하고 술 한 잔 사라는 말도 인사처럼 달고 살았다. 호형호제하며 나름 도움을 준 공무원이 당혹해하면 할수록 그의 태도는 더욱더 안하무인이었다. 급기야 본회의장에서 잘못을 지적한 한참 선배 의원에게 차마 입에 담을 수 없는 욕을 퍼부었다. 듣는 사람이 민망할 지경이었다.

결국 의원 간의 다툼으로 그의 비리가 중앙 일간지에 폭로되었다. 그는 지방의원이나 그 배우자는 당해 자치단체의 사업에 참여할 수 없는 규정을 어기고 3년 넘게 배우자 명의의 사업체를 통해 시청과 각종 수의계약을 맺고 이익을 취해왔다. 지방계약법에 의하면 지방의회 의원이나 배우자, 그들의 직계존비속 등은 해당 지자체와의 영리 목적의 수의계약을 체결할 수 없다. 지자체 사업의 공정성과 투명성을 높이기 위해 계약에 부당한 영향력을 행사할 수 있는 여지를 사전에 차단하기 위해서다.

그러나 언론에 따르면, 문제의 의원의 임기 동안 그의 처와 처사촌 명의의 두 개의 업체가 시와 4억여 원의 수의계약을 했다. 처사촌 명의의 업체는 그가 시의원 활동 전에 운영하던 회사로 명의변경 후에 무려 10배가 넘는 수의계약을 따냈다. 이들 업체의 계약 내용은 통신공사뿐만 아니라 개별주택가격 현장 조사, 검증용 도면 제작, 메르스 예방용 손 소독기 구매 대행까지 다양했다. 게다가 두 업체는 사업자 명의만 다를 뿐 하나의 사무공간을 사용하고 사업도 함께 진행하고 있다.

A시 관계자는 사실을 인정하고 시의원의 가족회사라는 것은 미처 알지 못했다고 변명했으나 과연 그런지 의심스러웠다. 그는 계약자 신분을 확인하기 힘든 개인정보보호법을 악용했다. 만일 의원 간 다툼이 없었다면 드러나기 힘든 비리였다.

생계형, 특혜 요구형, 과시형 악성 민원도 끊임없이 발생한다

그들은 매일 시청에 제집 드나들 듯 찾아와 공무원을 욕하고 위협하며 괴롭힌다. A는 딸 셋을 부양하고 있는 한부모가족 가장이다. 그는 기초생활수급자로 월 80만 원 정도 정부 지원을 받고 있었다. 원래는 서울에서 생활하다가 외국 이주 여성과 결혼해 B시의 부모님 집으로 이주했다. 부모님 집에서 딸 3명을 낳고 7명이 함께 살았다. 별다른 직업 없이 건설 일용인부를 하며 생계를 꾸려왔으나 생계유지가 어려워 수급자가 되었다. 그런데 다른 형제들의 소득 초과로 부모는 수급자 자격이 중지되고 A의 가족만 별도로 수급자로 보호받고 있다.

A의 민원은 연중 거의 매일 복지, 아동, 교육 관련 민원을 시청, 도청, 교육청, 복지부, 다문화가족지원센터, 사회복지관, 어린이집, 초등학교, 주민자치센터 등에 동시다발적이다. 민원 제기가 본업이라 할 정도로 하루에 두세 차례 관공서를 찾아와 같은 말을 되풀이하고, 집에 돌아가서는 전화로 1시간 이상 똑같은 말을 반복해 담당 공무원은 다른 업무를 볼 수 없을 정도다. 법이나 지침이 자기 상황에 맞지 않는다고 관련된 기관과 부서를 방문하거나 전화로 시정을 요구하며 지속해서 항의하고 고함을 지르거나 횡설수설하기 일쑤다. 예를 들어, 그는 국민기초생활보장법에서 규정한 생계비의 증액을 지속해서 요구하고 있다. 이유는 어린 자녀의 뒷바라지 때문에 일을 할 수 없고, 건설일용노동자는 계절이나 날씨에 영향을 받아 안정적인 소득을 올릴 수 없으니 소득인정액을 일괄적으로 적용하면 안 된다는 것이다. 그러나 정작 아이들은 학교 교감 선생님이 방과 후 어린이집에 차를 태워주는 등의 배려서비스를 받고 있었다. 아이들의 담임 선생님이 휴직을 고려할 정도로 계속 방문하여 민원을 제기하고 집요하게 교장에게 아이들 편의를 요구해 결국 교감이 아이들 일정 관리를 맡게 된 것이다. 때로는 민원인을 무시했다거나 불친절을 이유로 상급 기관에 고발하기도 하고 상급자를 만나 해결했다는 허세를 부리기도 한다.

시청에 매일 출근해 행정처분에 대한 특혜를 요구하는 민원도 있다

시의원 동생인 A는 업무시설인 오피스텔을 실제로는 주택으로 쓰고 있으니 건축물대장에 업무시설이 아닌 주택으로 표기해달라는 민원을 전라북도와 B시에 여러 번 제기했다. 그는 주택에 적용되는 엄격한 건축법 기준인 일조권과 공지 규정을 피하려고 업무시설인 오피스텔로 건축허가를 받아 놓고 취·등록세(오피스텔 4.6%, 주택 1.1%) 감면을 위해 민원을 제기했다. 심지어 자신이 직접 업무시설로 허가받았으면서도, 원래 주택 용도로 신청했는데 A시에서 건축허가를 잘못 처리한 것이라고 억지를 부렸다. 그는 또한 본인 소유의 무허가 건축물을 담보로 은행 대출을 받기 위해 무조건 건축물대장을 만들어달라는 민원을 여러 차례 제기했다. 그러나 무허가 건축물을 적법화하려면 이행강제금 납부와 사후적인 건축사의 설계 및 사용 승인 등의 건축허가 절차를 밟아야 하는데, 이를 회피하기 위해 시청에서 떼를 쓰는 것이다.

그 역시 사기 등의 혐의로 형사처벌을 받았음에도 불구하고 제 버릇을 버리지 못하고 있다. 그의 행태는 갑질인지 악성 민원인지 구분하지 못할 정도다. 이런 그가 전국적인 진보 모임의 지역대표라는 사실이 그저 놀랍기만 하다. 그는 아주 높은 공직자와의 문자나 사진을 보여주며 친분을 과시하고 특혜를 종용하기도 한다. 최근에는 모 정당의 지방선거 예비 후보로 출마도 했다. 아직도 이런 적폐가 통용되고 있음이 한심할 따름이다.

폭력을 직접 행사하는 경우도 있다

50대 A는 주민등록증 재발급을 위해 오후 5시 40분에 주민센터 출장소를 방문했다. 담당 직원은 그가 가져온 사진이 오래돼 주민등록법에 따른 화상자료 입력용으로 맞지 않으니 다시 사진을 찍어 오라고 안내했다. 그러자 그는 왜 이 사진이 안 되냐며 직원들에게 입에 담기 힘든 욕을 퍼붓고 사진 비용을 내놓으라고 행패를 부렸다. 소란을 피하고 싶은 담당 여직원이 사진을 찍으라고 만 원을 주자 그는 6시에 사무실에서 나갔다.

다음 날 아침 8시 30분에 그가 갑자기 출장소에 들어와 주민등록 담당 여직원을 넘어뜨려 목을 조르고, 말리던 남자 직원 둘의 뺨을 때리고 밀치며 계속 폭행을 가했다. 그는 어제저녁 7시에 다시 출장소에 갔으나 직원들이 퇴근하고 사무실 문이 닫혀있어 화가 나 응징한다고 말했다. 지구대에 신고하자 경찰관이 출동해 공무집행 방해 현행범으로 체포하고 증거 자료로 CCTV 동영상과 관련 서류를 경찰서로 가져갔다. 그리고 경찰 역시 죄질이 나쁘고 상습성이 있어 검찰에 송치하였다. 검찰은 구속 수사 후 법정에 세워 징역 10개월의 판결을 받아냈다.

직접 폭력을 행사하는 경우는 흔하진 않지만 일선 행정 현장에서의 욕설과 스토킹은 자주 볼 수 있다. 행정안전부는 이러한 폭언, 폭행, 성희롱 같은 악성 민원에 시달리는 민원 담당 공무원의 보호를 위해 '공직자 민원 응대 지침'을 모든 행정기관에 배포했다. 민원인이 통화 중 성희롱을 하면 1차 경고하고 이후에도 계속되면 법적조치를 경고한 뒤 바로 끊게 했다. 통화 종료 후엔 녹취내용으로 성희롱 여부를 확인하고 법적조치를 취할 수도 있다. 같은 내용을 반복하는 민원의 경우 상담 시간을 10분으로 제한하고 행정기관에서 해결하기 어려운 사안이라 안내했는데도 민원이 계속되면 상담 시간이 30분으로 제한됨을 알리고 끊게 했다.

과연 이런 조치로 악성 민원이 근절될지 의심된다. 경고나 처벌에 우선해야 하는 게 공동체의 제도와 질서를 존중하고 지키려는 시민의식의 고취이다. 질서는 편하고 자유롭고 아름다운 것이라는 구호가 구호에 그치지 않으려면 공권력의 질서 수호 의지와 실행 그리고 자발적인 시민의 질서 의식이 필요하다.

민원 때문에 국가사업도 중단된다

"소싸움 경기장이 빠진 농촌테마공원 조성사업은 예산 낭비와 선심성 사업에 불과하니 사업을 반납하는 게 좋겠습니다."

"농촌테마공원 감사 결과 예산 낭비와 중복투자, 그리고 시민 갈등 유발 등의 문제가 있으니 사업을 아예 중단하고 반납하라."

"무리한 계획 추진과 가축 사육시설이 불가하니 사업을 포기하고 반납하는 게 최선이다."

주민설명회는 예상대로 갈등과 소란으로 결론이 나지 않았다. 소싸움 경기장 건립을 찬성한 축산연합회나 반대한 시민행동모임과 집요한 민원을 제기했던 A, 모두 각자의 이유와 이해관계를 들어 사업을 포기하라고 주장했다. 예상은 했지만, 생각보다 반대가 격렬했다. 20XX년부터 복잡한 행정절차를 걸쳐 추진해 온 백여억 원짜리 사업 추진이 점점 어려워졌다. 이 사업은 농림축산식품부가 도시와 구별되는 농촌자원의 활용을 통해 도·농 교류 촉진 및 지역경제 활성화를 목적으로 추진했다. B시는 이 사업을 추진하기 위해 문화재 지표조사, 환경영향평가, 사전재해 영향성 검토, 개발촉진지구 지정, 타당성 조사 용역, 지방재정 중앙투자 심사, 기본계획 및 실시설계 용역 등의 행정절차를 밟아 나갔다. 사업 내용은 농촌체험 테마 존, 이벤트 존, 농촌경관 테마 존으로 구성됐다. 이벤트 존에는 소싸움 경기장으로 사용될 다목적 공연장도 포함되었다.

그러나 원만한 사업추진을 위해 주민설명회를 개최하면서부터 사달이 나기 시작했다. 사업부지 인근에서 정부 보조금을 받아 녹차를 가공 판매하는 A는 처음엔 소싸움장 위치 변경만을 요구하였다. 자기 집 부근에 조성하기로 한 다목적 경기장을 주차장 부지와 바꿔주기만 하면 문제 삼지 않겠다고 했다. 하지만 A는 사업계획과 관계 법령 등을 검토하다 청정지역에는 사육시설을 불허한다는 조례가 있음을 알았다. 그 뒤부터 그는 조례를 자신의 해석과 확신만으로 해석하고 시청에서 불법행위를 한다고 민원을 제기했고 시민단체, 동물보호단체, 정의당 등과 사업 반대 투쟁을 전개했다.

전 B시장은 상설 소싸움장을 오래전부터 만들고 싶어 했다. 청도군처럼 우권을 발행해 전통 민속놀이인 소싸움을 활성화해 B시의 관광 자원으로 활용하고자 했다. 이미 1년에 한 번씩 황토현에서 소싸움 경기를 열고 있으므로 문제는 없어 보였다. 마침 농림부가 농촌테마 공원 조성사업을 공모하고 있어, 이를 활용하면 상설 소싸움장 건립이 가능할 것 같았다. 그러나 그의 생각은 시민단체의 반대 활동과 지방 선거가 다가옴에 따라 틀어지기 시작했다. 게다가 그는 선거법 위반으로 유죄를 판결받아 시장 직이 위태로웠다. 진퇴양난인 시장의 처지를 확인한 반대 모임은 지방선거일이 가까워질수록 기세를 올렸다. 그들은 시청 앞 잔디밭에 불법 텐트를 치고 추운 날임에도 불구하고 농성하기 시작했다. 아침 출근 시간에 맞춰 1인 피케팅 시위도 하였다.

한참이 지난 후 그들은 부시장에게 면담 신청을 했다. 나는 그들의 처지가 바뀌었는지 물은 다음, 변함이 없다는 답을 들은 후 면담을 거절했다. 시청의 입장도 변함이 없어 협상할 내용 역시 없었기 때문이었다. 그들은 나를 비난하기 시작했다. 시민이 추위에 떨며 시위하는데도, 시청의 책임자는 위로의 방문조차 안 한다고 험담했다. 애초부터 나를 시청의 책임자로 인정하지 않았으면서도, 그들의 퇴각 명분을 만들어주지 않는다는 식이었다. 나는 아무런 반응을 보이지 않았다. 그들은 지쳐갔고 선거일은 점점 가까워졌다. 실무과장에게 싸움소의 계류장을 만들지 않겠다는 약속만 하면 농성을 중단하겠다는 제안을 하였다. 나는 응하지는 않았지만, 상설 소싸움장을 짓는 걸 탐탁지 않게 생각한다는 의사를 간접적으로 전달했다.

마침내 그들은 시위 100일을 넘기고 나서 B시의 전향적인 사업 제고를 약속받았기에 농성을 끝낸다고 말했다. 그들은 승리했다고 자축하면서, 선거와 옥정호 수면 개발 용역 반대를 위한 활동에 뛰어들었다. 그들의 태도와 행동이 어처구니없지만 원만한 시정 추진을 위해 모른 척했다. 그들의 직업적 목표가 우리에게 해로울 게 없기 때문이었다.

...

회의 공화국에 회의를 느낀다

회의는 효율적인 조직 운영을 위해 필요하다

회의를 통해 당면 사안에 대한 의견을 수렴하고 대책을 마련하며 효율적인 업무 지시를 할 수 있다. 회의는 조직에서 정보교환과 토론의 장이자 의사소통의 중요한 수단이다. 그러나 공무원 조직의 회의는 너무 자주, 많이, 형식적으로 개최하는 것이 문제다. 당면업무 보고회의, 현안회의, 전달회의 심지어 일정조정회의 등의 다양한 이름의 회의가 매일 열린다. 이메일이나 SNS로 간단히 처리할 수 있는 안건도 별도의 장소에서 회의를 개최한다. 참석자 범위는 회의 내용과 무관하게 주관자의 권위에 맞춰 정해진다. 시청의 회의도 예외 없이 다양하고 많다. 어떤 조직이든 회의가 필요하지만 보고가 생명이라고 주장하는 공무원 조직에서는 유난히 많다.

대부분의 회의는 높은 사람이 업무를 지시하거나 실무자가 정보를 전달하는 장으로 활용되고 토론이나 질의응답은 거의 없다. 시장의 권위와 시간 절약을 위해 간부들이 참석해, 그 대신 시간을 낭비하고 정서적인 불안감을 감수한다. 그리고 계급이 깡패라 어쩔 수 없다고 스스로 위로한다. 월요일마다 업무보고를 위해 20명이 넘는 과장급 이상 간부와 실무부서 직원이 참석해 1시간 이상 회의를 진행한다. 간부의 발언 시간은 대부분 3분 정도이고 나머지 57분 이상은 다른 사람의 보고를 영혼 없이 청취한다. 왜 이렇게 비능률적으로 진행하는지 물으면, 시장을 위해서가 아니라 시정 동향을 모두가 공유하기 위해서라고 변명한다.

화요일부터 금요일까지는 간부 티타임이라는 이름의 회의가 기다린다. 사실 인구 10만 명이 조금 넘는 소도시에서는 매일 시장에게 보고할 만한 새로운 일이 별로 없다. 거의 해결하기 어려운 민원이나 주민들의 이해관계가 얽힌 요구가 태반이다. 회의의 결론도 시장이 일방적으로 정한다. 답은 이미 정해지고 참석자는 그냥 따라야 한다. 이런 회의를 왜 하는지 회의가 생기고, 과연 시장은 어떤 전문성을 가졌기에 만기친람(萬機親覽)할 수 있는지 의심스럽다. 학습된 무기력에 빠진 간부들은 그저 빨리 끝나기만 바랄 뿐이다. 물론 간혹 눈치 없이 자신의 의견을 피력하려는 간부가 있다. 시간이 지체되기도 하지만 결론은 대동소이하다. 근절시켜야 할 회의 문화이다.

매월 첫째 월요일은 업무 회의와 조회까지 겹쳐 정신이 없다
아침부터 회의, 보고, 행사 등이 이어져 바쁘고 버겁다. 하루는 시청이 아닌 새로 건립한 아트홀에서 조회를 열어 특히 바빴다. 식전에 가벼운 공연이 있었다. 피아노와 해금의 이중주로 이선희 노래를 3곡 연달아 연주했다. 2억 원이 넘는 스타인웨이 피아노 소리는 귀를 호강케 했다. 어쩌면 귀보다는 뇌가 먼저 돈에 반응하여 가치를 높였을지 모른다. 개막공연을 관람했다는 자칭 전문가는 피아노 소리가 너무 좋아 확인하니 '스타인웨이'여서 '역시'라는 반응을 보였다고 말한다.

시장의 인사말은 시청사에서 할 때와 달랐다. 평소 두서없이 길게 말하는 것과는 달리 써준 인사말을 차분히 읽고 끝냈다. 그의 평소 인사말은 군담이 많고 말을 더듬어 반복하는 특징이 있다. 시장의 인사말을 직원 누구도 지적할 수 없는 분위기 탓에 고령임에도 자신감이 넘쳐 생겨난 부작용이다. 때때로 사회적 지위가 개인적으로 더 나아질 시간과 기회를 박탈한다는 생각이 들었다. 바로 이어 문화연구원장의 특강이 이어졌다. 역사와 문화의 보고인 A시를 시민들이 너무 몰라 안타깝다며 시에 다양한 제언을 한다. 증산교와 보천교의 본향인 A시에 종교 박물관을 세워야 한다고 주장한다. 지방자치와 열린 행정 덕에 시민참여가 늘면서 다양한 의견과 요구가 넘치고 있다. 제안자는 자신의 제안이 항상 가장 시급하고 중요하다고 말한다. 그러면서 행정은 전문성 부족으로 일의 우선순위를 모르고, 늑장 대응으로 때를 놓치며 예산 타령으로 책임을 회피한다고 지적한다. 늘 행정이 문제다.

오후엔 A상가번영회장이 다짜고짜 부시장과 면담하겠다고 사무실에 들이닥쳤다. 가을 단풍철이면 행락 질서 유지를 위해 해마다 부시장과 대책협의를 해왔다는 것이다. 번영회장은 상가의 수익 보장을 위해 불법 노점상 단속과 적정한 공영주차장 확보를 요구했다. 또한 공무 수행 모자를 쓴 공무원이 지나치게 많이 돌아다녀 관광객에게 볼썽사나우니 꼭 필요한 인원만 차출해서 지원하라고 요구한다. 그는 채권자처럼 행동하며 생면부지의 나에게 이래라저래라 지시한다. 자신들의 뜻에 어긋나면 시장에게 항의하겠다고 협박도 한다. 시장이 알게 되면 나중에라도 불이익을 받을지 몰라, 공무원들은 웬만하면 좋은 게 좋다는 식으로 소극적이다. 인사권자의 지적은 승진을 위한 공무원에게는 무게가 남다르기 때문이다. 함께 참석한 담당 계장들은 묵묵부답이었으나 나는 황당하고 무례한 상황에 짜증이 났다.

확대간부회의도 주기적으로 열린다

확대간부회의는 말 그대로 회의 참석 대상 범위를 모든 간부로 넓혀 진행하는 회의다. 평상시 회의는 국장급과 직할 부서 과장 이상이 참석하지만, 확대간부회의는 모든 과장과 읍·면·동장이 참석해야 한다. 보통 한 달에 한 번 또는 분기별로 개최하는데, 회의 목적은 대외적으로는 시정 홍보고 대내적으로는 조직 기강 잡기와 전달 체계의 확인이라 할 수 있다. 확대회의는 사전에 잘 짜인 각본대로 진행하고 내용은 평상시와 크게 다르지 않다. 가끔 각본에 없는 돌발 상황이나 돌출 발언으로 해프닝이 생기기도 한다. 내가 그랬다. 도청 확대간부회의에서 도지사가 계획에 없는 즉흥 질문을 했다. 도대체 왜 직원의 야근이 많은지 물었다. 아무도 대답하지 않았고 간부들을 둘러보다 우연

216

히 나와 눈이 마주친 그는 나보고 한번 대답해 보라고 했다. 나는 빤한 걸 왜 물어보냐는 시큰둥한 표정으로 대답했다.

"퇴근 시간 무렵에 A과나 B실이 급한 보고라며 자료 요구를 하거나 문서를 요구합니다. 지원부서의 특성상 평상시 야근을 일삼기 때문에 다른 부서 상황은 고려하지 않습니다. 지원부서에서 일 처리 방식만 바꾸면 됩니다."

아뿔싸, 회의 장면이 모든 CCTV로 중계되고 방송사 카메라에도 포착되어 졸지에 유명세를 치르게 됐다. 물론 의도치 않은 원망도 들었다.

대면보고는 줄지 않는다

국가의 기능은 국민의 통제가 아니라 국민의 삶의 질 개선을 위한 행정서비스 제공의 확대에 있다. 따라서 현대 국가는 점점 더 행정 중심적 국가의 특징을 보인다. 더구나 지방자치의 부활로 억눌린 주민의 욕구가 폭발적으로 늘어나 신속한 행정의 반응성을 요구하고 있다. 예산확보 상황, 지역 개발 사업, 실시간 발생하는 민원, 시민단체의 요구, 지방의회의 동향, 자연재해, 실업 대책, 언론 보도 대응 등 시급하고 다양한 행정 요구가 넘친다. 시장은 지역을 대표해 대외활동을 하고 틈나는 대로 주민을 만나 여론을 청취해 시정에 반영하기 때문에 항상 시간이 부족하고 제때 내부 업무를 보고 받기가 쉽지 않다.

보고는 타이밍이 중요한데 시장의 시간과 격을 맞추기 어려워 실무자가 대면 보고하기가 어렵다. 대부분 과장·국장을 거쳐야 하는데 이 과정에서 지체와 왜곡이 생긴다. 간부들은 내용이 부정적이거나 꺼림직하면 붙잡고 있거나 다시 검토하라고 내려보내는 경우가 많다. 그렇게 보고가 뒤로 밀리면 중요한 사항이 빠지거나 타이밍을 놓치게 된다. 간부는 자신의 결재 권한 범위 업무도 반드시 시장과 대면해서 보고하려고 한다. 보고 내용이 긍정적이면 생색을 내고, 부정적이면 책임을 회피하기 위해서다. 편하고 자유로운 전자문서 시스템은 왜 갖춰 놓았는지 모르겠다.

8

...

공무원은 생각 없이 일하지 않는다

A시에 거주하는 사람 중에는 직장이 전주시나 광주시인 경우가 제법 있다. 그러다 보니 출·퇴근 시간에 도심 밖으로 나가는 길은 병목현상이 발생한다. 주민의 교통편의를 위해 새로운 접속도로를 냈다. 새로 연결된 도로로 인해 교통량이 늘고 복잡해져 기존 신호등을 없애고 회전 교차로 설치가 필요했다. 회전 교차로 설치를 위해서는 대형 버스의 회전이 가능하도록 법에서 규정한 최소 37m의 공간이 필요하나, 아쉽게도 기존 신호등 구역은 32m에 불과했다. 교차로 공간 확보를 위해 주변의 땅을 매입해야 했다. 그런데 시청이 땅을 산다고 하니, 땅 주인은 평당 300만 원짜리 땅을 갑자기 500만 원 이하로는 팔 수 없다고 막무가내다. 예산 부족과 도덕적 해이 문제로 땅 구입을 포기하고, 신호체계만 변경해 기존 신호등을 사용하기로 했다.

사정을 알지 못하는 일부 시민들은 공무원이 생각 없이 일한다고 비판한다. 시민의 안전과 교통 혼잡 방지를 위해 도로 개통과 함께 회전 교차로 설치가 필수적인데 공무원이 생각이 없어 쓸데없이 신호등만 바꿨다고 혀를 끌끌 찬다. 시민들은 아직도 시청의 의지만 있다면 공권력을 동원해 토지수용을 일방적으로 추진할 수 있다고 믿는 듯하다. 그러나 세상은 바뀌었다. 적법한 절차 없이는 국민의 어떤 재산권도 침해할 수 없다. 시청이 수용하려면 대상 지역이 도시계획지역이어야 하는데 이곳은 해당되지 않았다. 시간이 조금 걸리더라도 도시계획지역으로 지정하고, 공공의 이익을 위해 토지를 수용한 후 회전 교차로를 만들 수는 있다. 그러나 공사 때문에 불편한 시민은 토지수용을 위한 오랜 절차를 참지 않고 강력히 항의할 것이다. 공무원이 생각 없이 일해서가 아니라 생각하며 일하기 때문에 생긴 일이다.

효나눔복지센터 설립도 쉽지 않다

수자원공사는 댐을 건설하고 관리하며 물 공급을 책임지는 공공기관이다. 원만한 댐관리를 위해 다양한 지원 사업도 병행하고 있다. 그 중 하나가 댐이 자리한 지역에 효나눔복지센터 설립과 운영 지원이다. 자치단체에서 땅을 제공하면 그 땅 위에 복지관을 지어주고 운영비까지도 지원해 지역의 복지 증진과 회사의 이미지 제고에 활용한다. 수자원공사는 칠보수력발전소가 위치한 A시 A면에도 효나눔복지센터를 지어주기로 A시와 협약을 맺었다. 협약에 따라 시는 주민들이 원하는 지역의 땅을 사서 공사에 제공하려 했다. 그러나 일부 토지주가 시세보다 더 높은 가격을 요구해 어쩔 수 없이 빠른 사업추진을 위해 확보된 토지만 제공하기로 했다.

도로와 인접한 땅을 매입하지 못해 복지관 출입구를 주민들이 사는 동네에서 멀리 떨어진 천변 가로 낼 수밖에 없었다. 주민들은 인접 토지를 매입해 주거지와 가깝고 자동차도로와 접해있는 방향으로 출입구를 변경해야 한다며 민원을 제기했다. 시는 지역에서 영향력을 행사할 수 있는 성당 신부님과 사복 회장에게 땅 매도를 거부한 토지주 설득을 요청했으나 실패했다. 토지주는 평당 35만 원을 주고 땅을 매입했으니, 적어도 평당 50만 원을 받아야 한다고 했다. 다시 A면 번영회장이 토지주와 만나 간절히 설득해 토지 감정가로 자신의 땅을 팔기로 합의했다. 만약 감정가가 자신의 매입가보다 낮으면, 번영회장이 차액을 보장하기로 약속까지 했다.

부지 매입 문제를 해결하고 나니 또 다른 법적 문제가 기다리고 있었다. 공유재산 및 물품관리법 위반 문제가 불거졌다. 이 법 제13조(영구시설물 축조 금지), '해당 지방자치단체의 장 이외의 자는 공유재산에 영구시설물을 축조할 수 없다.'라는 사유로 지방자치단체가 아닌 수자원공사가 공유재산에 복지 센터를 짓는 것은 어려웠다.

결국 A시가 산 땅을 수자원공사가 다시 매입하고, 아직 사지 못한 땅은 공사가 직접 매입하면 그 비용만큼 시에서 건축비를 대체 지원하기로 했다. 공사에서는 왜 이렇게 복잡하게 일을 처리하는지 이해가 가지 않는다며 행정의 의도를 의심했다. 혹시나 복잡한 일을 떠넘기려는 의도가 아닌지 넘겨짚기도 했다. 주민들은 왜 이렇게 일을 질질 끄는지 알 수 없다며 역정을 낸다.

행정의 중요한 원칙 중 하나가 법치행정이다. 행정이란 법을 집행하는 행위로 법적 근거가 없으면 어떠한 행위도 할 수 없다. 만일 위법한 행위를 할 경우, 그 행위는 무효가 되고 행위자는 처벌받을 수 있다. 법치행정은 공무원이나 단체장의 자의적이고 위법적인 집행행위를 막기 위한 불가피한 원칙이다. 그래도 행정환경의 변화에 따라 유용하지 않은 규제는 법 개정을 통해 바꿀 수 있어야 한다.

하지만 지금처럼 무늬만 자치가 시행되고 있는 상황에서는 아무리 지역에 맞지 않는 규정이라 해도 개정하기가 어렵다. 법 개정의 어려움으로 인해 민간 영역에서 보면 쉬워 보이는 일을 행정은 융통성 없이 시간만 낭비하며 어리석게 처리하는 것처럼 보일 수 있다. 하루빨리 지방자치가 실질적인 권한과 책임을 갖고 지역 실정에 맞는 조례를 제정하여 신속하고 효과적인 행정이 가능하기를 바랄 뿐이다.

9

...

공무원은 거주 이전의 자유가 없다

　문재인 대통령은 공공기관의 성과평가제도 폐지를 공약으로 내세웠다. 공무원의 성과평가는 전임 사업가 출신 대통령이 공공기관의 효율성과 책임성을 높이기 위해서는 반드시 평가하고 차등 보상해야 한다며 제도화했다. 공무원 조직도 당연하게 성과 평가 제도를 도입해야 했다. 전라북도도 민선 4기 도지사가 취임하자 가장 먼저 민간 분야에서 시행하던 성과평가 수단인 BSC(balanced score card) 제도를 도입했다. 새 정부 정책에 적극적으로 호응하고 신속하게 행정 조직을 장악할 의도였다.

　BSC 평가 결과는 S, A, B, C 등급으로 나누고 한 해의 성과금을 차등 지급하는 기준으로 사용했다. 원래 성과금은 기존의 급여는 유지되고 성과에 따라 추가로 지급하는 돈이다. 그런데 공무원 성과금은 모두에게 급여의 일정한 비율을 떼어내 등급에 따라 차등 지급하는 일종의 제로섬 게임처럼 운영돼 문제가 있다. 더구나 BSC 성과 지표를 당사자가 스스로 선정하니 항상 낮은 목표를 설정해 제도의 실효성이 떨어졌다. 게다가 제도를 잘 이해하는 평가담당자와 담당 부서가 과도하게 높은 점수를 맞는 폐단도 생겼다. 불합리한 평가와 결과에 대해 불만이 생기고 불신까지 싹트게 되었다.

공무원 자리는 대부분 순환보직으로 2년 정도 지나면 옮기는 것이 일반적이기 때문에 크게 우열을 나눌 수가 없다. 그래서 일부 자치단체는 BSC 평가로 지급한 성과금을 노조가 돌려받은 뒤, 균등하게 재배분하는 편법을 써서 갈등을 무마했다. 그러나 S등급을 받은 사람 중에 불만이 쌓이고 행정안전부의 강력한 경고와 규제로 오래가지 못했다. BSC의 근본 문제는 공무원의 행정서비스 성과를 계량화해 평가하기 어렵다는 것이다. 더구나 예방효과는 측정이 안 되므로 반영하지 못하고, 성과평가는 나타난 결과만을 보고 판단한다. 예를 들어, 관할 지역에 1년 동안 불이 한 번도 나지 않으면 그 소방서는 화재진압 건에 대해 제대로 평가받을 수가 없다. 강력 사건 발생이 없는 지역의 파출소(지구대) 역시 같은 결과에 직면한다.

행정서비스는 비용보다는 사회적 편익을 고려해 제공한다. 이익 창출이 가장 중요한 기업은 아예 엄두도 못 낼 일을 정부가 하는 것이다. 공무원 조직에서 기업식 성과평가 방식의 도입은 애초부터 무리였다. 더 잘못된 것은 BSC 평가 결과를 근무평정에 연계시켰다는 사실이다. 공무원의 근무평정 제도는 승진 인사를 위한 기초 자료로 잘 구성된 시스템에 의하여 관리되고 있다. 근무평정은 공무원 개인의 조직에서의 역할과 역량 그리고 근무태도 등의 다면 평가 결과로, 근무 기간 내내 누적해 순위를 정한다. 이 순위가 승진의 기초 자료로 활용된다. 근평 순위가 승진의 배수 안에 들지 못하면 승진이 어렵다. 승진의 배수 안에 들어가도, 직급에 따른 승진 최소소요 연수에 미치지 못하면 승진할 수 없다. 근평 순위는 누적적이기 때문에, 선 순위자가 후 순위자보다 먼저 진급하는 것이 일반적이고 상식적이다.

반면에 BSC 같은 성과 평가 제도는 특정한 시기의 성과에 대한 경제적 보상을 위한 틀이기 때문에 근평과 연계하는 것은 바람직하지 않다. BSC 제도에 따르면 근무 경력이 짧고 누적적인 근무평정 점수가 낮더라도 특별한 성과가 있으면 얼마든지 높은 성과평가를 받아 경제적인 추가 보상을 받을 수 있다. 그런데 취지가 완전히 다른 두 시스템을 연계해 BSC 평가에서 S를 받은 사람 중에서만 승진시키라는 지시는 근평 제도의 무력화를 부르고, 경력이 짧은 사람의 근로 의욕을 오히려 떨어뜨렸다. 실제로 이에 따라 전북도청은 오래된 직원이나 주무 부서에서 일하는 직원이 근평은 물론 성과금도 챙기는 불합리한 상황이 일반화되었다.

A시는 이러한 비정상적인 상태를 2017년부터 끊었다. 대통령 공약에 맞춰 BSC를 폐지하려 했으나 상급 기관에서 점진적인 개선을 요구해 중단할 수 없었다. 그래서 우선 급한 BSC와 근평의 연계 사슬을 끊고 정상화했다. 하지만 BSC 성과평가 제도에는 또 다른 불만이 내

재돼 있었다. A시 공무원은 주소지를 A시에 두지 않으면 BSC 최종 등급이 확정된 후, 다시 한 등급씩 강등시키고 있었다. 갈수록 줄어드는 인구 감소를 막기 위한 고육지책이고, 지역 경제 활성화를 위한 불가피한 사정이라고 주장했다.

한 도시의 주민등록상 인구는 그 지역의 행정 조직과 교부세 산정의 중요한 기준이다. 교부세는 지역 간의 재정 격차를 줄이기 위한 중앙정부의 일종의 보조금이다. 지역의 인구가 많아야 행정 조직도 늘리고 교부세도 많이 확보할 수 있어 단체장은 인구 늘리기에 관심이 많다. 더구나 자신의 재임 기간에 인구가 감소하면 경쟁자의 정치적 공격을 받기 때문에 더욱 재적 인구를 늘리고 싶어 한다. 지방자치가 부활하면서 지역 인구 늘리기 붐이 일었다. 한동안 지역별로 인구 빼내기가 들불처럼 번졌다. 이처럼 없는 사람도 구해 와야 하는 실정에 해당 지역 공무원이 타 지역에 주민등록을 두는 건 정서상 용납이 안 되었다. 어떤 지역은 심지어 승진에 불이익까지 주는 규정을 만들었다. 하지만 십 년이 넘는 노력으로도 지역 인구는 감소했고 앞으로도 줄어들 것이다. 공무원의 해당 지역 주민등록과 그 지역의 인구 증가 및 지역 활성화는 어떤 상관관계도 입증되지 않았다.

설령 효과가 있다고 해도, 과연 헌법적 권리인 국민의 거주이전 자유권을 제한하는 것이 타당한지 의심스럽다. 중세의 신분제가 폐지된 이후 사람은 누구나가 자신이 원하는 곳에서 살 자유가 보장되었다. 거주이전의 자유는 직업선택의 자유와도 밀접한 관계가 있다. 단지 신분이 공무원이라는 이유로 부당하게 헌법적 권리를 제한하는 일은 부당하다. 경제 성장과 선진화가 진행되면 될수록 고령화와 저출산은 피할 수 없는 경향임이 드러났다. 따라서 인구 정책도 단순히 행정 편의를 위해 양적 측면에서 접근할 것이 아니라, 삶의 질 개선이라는 방향으로 전환해야 할 필요가 있다. 고령 친화적인 복지정책(마을 택시, 찾아가는 진료 등)이나 아동과 젊은 여성들이 마음 놓고 활동할 수 있는 보육 정책 등을 시행해야 한다.

정부 보조금에 공짜가 많다

공짜 점심은 없다

지금 당장은 공짜처럼 보이지만 어디선가 다른 경로를 통해 비용을 치렀거나 치러야 한다는 뜻이다. 세상에 공짜가 없음을 강조하기 위한 표현이다. 하지만 우리나라의 농업과 농민에게는 공짜가 많다. 역대 정권마다 농업을 살리겠다고 막대한 보조금을 쏟아부었다. 덕분에 농민들은 어려움 속에도 많은 혜택을 받고 있다. 농민들의 소득증대를 위해 정부는 거의 모든 농사 활동에 국고를 투입해 보조금을 지원하고 있다. 보조금 종류는 워낙 다양해 종합적인 국가 통계도 없다. A 시의 경우 2018년에 191건, 781억 원의 농업보조금 사업이 있다. 이 예산 중 농민들의 부담액은 50%를 밑도는 약 340억 원 정도이다. 또한 해마다 전액 현금으로 받는 쌀·밭 직불금은 420억 원이다(2017년). 상대적으로 저렴한 농업용 전기와 면세유 사용, 농기구 임대, 일부 농자재 부가세 감면 등 간접적인 지원도 다양하다. 보조금으로 인한 도덕적 해이를 막기 위해 일정 비율의 자기 부담금 의무가 있는데 농민들이 제대로 이행하는지 의심스럽다.

언론 보도에 따르면 대부분의 농업 관련 제품 공급업체는 생산제품을 이중 가격으로 판매한다. 판매자는 같은 제품이라도 농가가 개별적으로 살 때와 정부 보조사업으로 살 때의 판매가격을 다르게 책정한다. 보통 이 차액은 농가의 자기 부담률 정도다. 예를 들어 유기질 비료 20kg짜리 한 포대 가격은 정부 보조사업 공급계약 단가는 3,700원이다. 정부 보조 1,600원과 자부담 2,100원인데, 농가에서 직접 구입하면 자부담액인 2,100원만 받는다. 이 때문에 정부 보조사업이 농가에는 혜택이 없고 비료생산업체에 실질적인 보조금이 지원되는 부조리가 생긴다고 농민들의 불만이 크다.

A는 "기획서 잘 쓰는 능력이 있으면 2억 원짜리 시설비의 70%를 무상으로 받을 수 있다. 자부담 30%도 적당히 머리 굴려서 업자들과 이중계약서를 작성하면 절반 이하로 줄일 수 있다. 이런 사업이 많으면 좋아할 사람들이 있다. 당장 정부 지원이라는 딱지가 붙으면 공장 설계비, 건축시공비, 전기공사비 등 모든 단가가 50%는 올라간다."라고 주장한다.

비농민 사업자들은 "보조금은 지역에서 나누어 먹으라는 돈이지 농민 혼자 먹으라는 게 아니다."라고 막말을 한다. 농민을 지원하기 위한 보조금이 농촌사회의 갈등을 부추기고 농민과 업체들의 도덕적 해이를 방조하고 있다.

농업은 산업혁명 이래로 계속 쇠퇴해 보조금에 의존하는 산업이 됐지만, 최근에는 식량안보와 환경보호라는 공익적 가치로 중요성이 다시 부각되고 있다. 농민단체는 헌법 개정안에 농업의 가치가 포함되어야 한다고 주장하고 있다. 이 주장을 반영해 과거 대통령 개헌안에는 '식량의 안정적 공급'과 '생태 보전'이라는 농업의 공익적 가치와 국가의 농업지원에 필요한 계획을 시행해야 한다고 명시했다.

그러나 반대 주장도 만만치 않다. 그들은 농자천하지대본, 신토불이 등은 산업혁명 이전의 중세적인 관점이라고 주장한다. 특히 우리 민족이 수천 년 동안 주식으로 삼았던 쌀을 보호하기 위해 농림축산식품부의 3분의 1이 넘는 예산의 투입을 이제 멈춰야 한다고 강변한다. 국민의 쌀 소비량은 계속 줄어 쌀은 풍년이 들면 더 골치 아픈 품목이 되었다. 쌀 농가 보호를 위해 정부는 비싼 값으로 쌀을 수매하고 보관해왔다. 쌀 재고량이 넘쳐 보관창고가 부족해도 정부는 쌀 수매를 계속 유지한다. 따라서 농업도 산업화하고 개방도 검토해야 우리 농업도 살고 농민도 살 수 있다고 다양한 경제적 관점을 들어 보여준다.

누구 주장이 맞든, 지금 같은 농업보조금 정책은 바람직하지 않다. 왜냐하면 천문학적인 정부 지원에도 우리의 농업경쟁력은 나아지지 않고 오히려 갈수록 농가소득도 줄어들기 때문이다. 농업보조금은 눈먼 돈이나 공짜 점심이 아니라 국민의 세금이다. 이제는 기관이나 단체 혹은 업체에 보조금을 지원할 것이 아니라 농민에게 직접 지원하는 비율을 높여야 한다. 전임 대통령도 후보 시절에 공익형 직불금을 늘리겠다고 했고, 어느 정당은 2016년 총선 때 농업예산의 50%를 농민에게 직접 지급하겠다고 약속했다. 문제는 실천 의지이다. 선진국인 유럽은 평균 72%, 미국 63%, 일본 52%를 직접 지불하고 있으나 우리는 15%에도 못 미치고 있다. 갈 길이 멀다.

각종 선심성 보조금 남발이 지역을 타락시키고 있다

단체장이 직접 지원하고 지방의원도 재량사업비 명목으로 지원하는 각종 단체 보조금, 농업보조금, 시설 기능보강 사업 보조금이 차고 넘친다. 개인이 구입하기 어려운 비싼 농기계를 시청에서 지원하면 이용하기 편한 소형 농기계 지원을 요구하고, 이용 시설이 너무 멀리 떨어져 있으니 가까운 곳에 지원시설을 추가로 만들어주라고 요구한다. 마을을 위해 설치해준 저온 저장고는 이장의 개인 창고가 되어 활용하기 불편하니 별도로 공동 저장고를 지원해 주라고 요구한다. 가까운 두 마을이 함께 이용하라고 지어준 경로당은 마을이 달라 이용이 불편하니 마을별로 만들고, 남녀 각각의 경로당을 설치해주라고 요구한다. 육백여 개의 마을이 있는 작은 농촌 도시에 경로당이 칠백 개가 넘는 이유다. 겨울철 경로당은 찜질방처럼 절절 끓고 수백만 원짜리 안마의자는 옷걸이 기능만 하고 있다. 경로당을 이용하는 사람들은 지원되는 연료비가 많으니 연료비를 운영비로 전용하게 해주라고 민원을 제기한다.

마을발전기금은 새로운 통행세다

'태양광발전소 결사반대, 동네 주민 다 죽게 생겼다.' 며칠째 OO마을 노인회장과 부녀회장이 부시장실에서 농성 중이다. 이 마을의 태양광발전소 시공회사는 일 년 전에 시청의 허가를 받아 지난해 말 공사를 시작하려 했으나 주민들과의 마찰로 공사가 중단 상태에 있다. 주민들은 태양광발전소는 마을 경관을 해치고 전자파 발생으로 주민의 건강은 물론 농작물 피해를 유발한다며 강력히 반대하고 있다. 그러나 시공회사는 발전소 부지 매입비와 한전 선로 이용료 납부 등 사업비가 이미 많이 투자되어 더 미룰 수 없어 공사를 강행한다고 마을에 통보했다. 주민들이 계속 공사를 방해하면 경찰에 업무방해로 고발하겠다는 입장도 밝혔다. 시청 관련 부서는 민원인에게 시공회사가 적법한 절차에 따라 허가받았고, 법규 위반도 하지 않아 허가취소를 할 수 없다고 설명하고 양해를 구했다. 한편으로는 사업자에게 주민과의 개별 면담이나 설명회 등을 열어 대화를 통한 민원 해결을 권유했다. 주민과 사업자가 원만하게 합의하면 공사가 시작되지만, 그렇지 않으면 주민들의 실력행사와 사업자의 법적 대응이 부딪힌다. 이 과정에서 주민들은 타겟을 시청으로 돌려 부당한 허가를 취소하라는 요구와 농성 같은 물리력을 행사한다.

OO마을의 태양광발전소 민원 양상은 달랐다. 발전소 부지는 마을 통장 소유였고, 사업자에게 아무 문제 없이 매각했다. 통장은 마을 사람의 민원도 적극적으로 나서서 해결해 주겠다고 약속했다. 그러나 마을 노인회와 부녀회가 반대하며 내부 갈등으로 민원이 야기됐다.

마을은 주민들이 분열돼 서로 도덕성을 헐뜯으며 사업자의 사유재산권 행사를 가로막는 상태였다. 주민들의 반대 이유는 햇빛 반사, 온도 상승, 전자파 발생, 환경오염, 자연경관 훼손 등이었으나 어느 것 하나 사실로 입증되지 않았다.

태양광 발전시설은 시청에서 전기사업허가와 개발행위허가를 받으면 어떤 제한 없이 설치하여 이용할 수 있다. 개발행위허가는 해당 지자체에서 환경보전이 필요한 지역의 입지타당성 검토와 환경영향 사전예측평가 등에 약 60일이 걸린다. 태양광발전의 수익은 SMP와 REC를 합한 값이다. SMP는 전기를 한전에 팔아서 생기는 수익이고, REC는 발전회사가 의무적으로 공급해야 하는 신재생에너지 공급인증서 판매수익이다.

정부가 2030년까지 신재생에너지 발전 용량을 20%로 상향 조정해 태양광 발전사업은 최소 20년 이상 15%의 안정적 소득을 보장할 수 있다는 논리에 투자자들이 몰렸다. 투자자가 늘어나 태양광발전소 건설이 많아져 주변 마을 주민과의 마찰이 생겼다. 민원 차단을 위해 단체장과 지방의회에서 과도한 제한을 하기 시작했다. 일부 자치단체는 법률의 위임과 근거도 없이 개발행위허가 지침에 태양광발전소는 주변 마을과 1Km 이상 떨어져야 한다는 과도한 거리 규제를 넣었다. 그러나 사업자들은 개별적인 개발행위허가 지침을 근거로 사업 인허가 불허 처분에 대해 지자체를 상대로 소송을 제기해 상당수가 승소했다.

그런데도 자치단체장은 지역 민원을 무시할 수 없어 규제를 유지했다. 산업자원부는 태양광 발전시설 입지 가이드라인을 정해 자치단체의 과도한 규제에 제동을 걸었다. 2017년 4월 13일부터 자치단체장은 태양광발전 시설에 대한 간격 기준을 정할 수 없고, 예외적으로 필요 최소 범위에서 인정했다. 이 경우에도 간격 제한은 최대 100미터를 초과할 수 없도록 했다. 필요성이 인정되는 경우도 10호 이상의 주거 밀집 지역, 도로법상의 도로, 문화재 등의 시설물로부터의 간격 제한에 한정된다. 그러나 가이드라인 제정 이전에 허가가 난 사업에 대해 민원이 폭주했다.

A시 태양광 발전시설 허가는 2017년부터 폭증해 2017년 643건, 2018년 4월까지 645건이다. 법률불소급의 원칙으로 허가취소를 하면 행정소송에서 패소한다고 설명해도 주민들은 막무가내로 시청에 와서 결사반대를 외친다. 태양광발전 시설의 간격 문제는 과학적으로 입증된 위해성보다는 태양광발전으로 발생하는 이익을 마을 주민과 공유하자는 정서적 측면에서 비롯되는 경우가 많다. 보통 마을 주민들은 이장이나 통장을 통해 마을 발전기금이나 농로 포장 등의 혜택을 요구하고, 액수가 크지 않으면 사업자가 수용하여 원만하게 해결된다. 하지만 이러한 보상과 혜택에서 제외된 주민들은 마을과 멀리 떨어져 문제가 되지 않는 시설에 대해서도 민원을 제기하며 시장을 압박한다. 보조금에 익숙한 농가들은 때로는 아무런 하자 없는 시설이나 사업에 딴지를 걸어 보상을 요구하는 부당한 행태를 보인다. 공짜가 사람의 정신세계에 미치는 영향을 확인한 듯해 씁쓸하다.

...

지역신문은 공무원이 본다

　B시에 독특한 지역신문이 있다. 대부분의 기사 제공과 구독을 공무원이 하는 데 틈만 나면 시청을 비난한다. 지면이 8면에 불과한 타블로이드 주간 신문이고 상근 정식 기자는 편집국장을 겸하는 한 명뿐이다. 거의 모든 지면을 시청 등의 공공기관이 제공한 보도자료로 채우니 기사의 내용이나 질은 기대하기 힘들다. 기사는 읽기 민망할 정도로 비문투성이고, 때로는 해석하기도 어렵다. 더구나 신문사 주필의 사설은 자의적이고 과시적이며 훈계조다. 공직 경험이라곤 시청에서 위촉한 위원회 위원 몇 번이 전부인데도, 미국과 캐나다 행정을 들먹이며 시청을 제멋대로 매도한다. 천편일률적인 사업과 불필요한 도로 개설 등의 예산 낭비를 이해할 수 없다고 탄식한다. 자신의 마음에 들지 않거나 자신의 기준에 맞지 않으면 다 틀렸다는 식의 독선적인 글을 여과 없이 쏟아낸다. 한 마디로 지역의 선지자이자 심판관인 것처럼 행세한다.

과거 언론의 행태에 길든 직원들이 주필의 악의적인 글에 수수방관하니 갈수록 심해지고 있다. 선거철이 다가오면 선거 예비 후보자들까지 지면에 가세해 부당한 공세를 퍼붓는다.

행정 견제와 감시 및 여론 수렴이 주요 기능인 지역 언론은 지역 선거꾼의 손발이 되거나 이권의 도구가 되었다. 신문기자였다가 어느 날 선거 캠프의 홍보 전문가로 변신해 성공하면 단체장의 측근 공무원이 된다. 실패해도 큰 문제는 없다. 원래 언론사로 돌아가거나 여의찮으면 다른 언론사 기자로 돌아가 버젓이 언론인 행세를 한다. 후안무치한 행위지만 누구도 공식적으로 문제 삼지 않으니 부끄러움을 모른다.

지방자치의 중요한 수단인 선거가 오히려 지역을 피폐화시키고 있다. 지방 선거, 총선, 대선, 보궐 선거 등의 잦은 선거는 주민의 의식을 높여주는 것이 아니라 역설적으로 대가성, 연고성 투표를 고착했다. 게다가 농촌지역의 각종 조합장 선거는 공공연한 매표로 주민들의 준법의식마저 마비시켰다. 몇몇 이해관계가 맞은 사람들이 조직한 시민단체는 선거 입후보자의 거점으로 활용되어 사사건건 행정에 시비를 걸고 있다.

언론의 문제는 더 심각하다. 기초자치단체에 출입하는 기자들은 대부분 지방지 주재기자거나 보통 주간으로 발행하는 지역지 기자들이 대부분이다. 중앙지나 방송기자는 주재하지 않고 전국적인 통신사 기자들이 여러 지역을 겸임하며 가끔 시청에 출입하기도 하지만 시청 상주 기자는 대부분 지방지나 지역지 기자이다. A시청에 출입하는 기자는 30명이 넘는다. 여기에 인터넷 매체 기자는 포함되지 않았다. 이들 중 일부는 별도의 생업이 따로 있고 기자증은 생업 지원에 쓰인다.

청소대행업을 하는 A는 오랫동안 지역 주재기자를 하면서 옥살이까지 했지만, 지금도 관공서나 공공기관을 다니면서 대청소를 종용하고 응하지 않으면 그 기관을 음해하거나 나쁜 기사로 대응한다. 가구점을 운영하는 B는 일단 부정적인 기사로 공무원 등에게 경고하고 접근한 후 영업하며 사익을 갈취한다. 식당과 술집, 여행사도 이들이 선호하는 업종이다. 매상을 올리기 위해 공무원에게 압력을 행사하고 거절하면 왜곡된 기사나 음해성 무고로 공무원을 괴롭힌다. 지역 건설업체에 이사로 등록하고 관급공사를 수주하여 구전을 받기도 한다.

선거철은 이들에게 명절 같은 대목이다. A는 시장 당선에 이바지한 후 시장 임기가 시작되자 4천만 원짜리 광고를 따냈다. 또한 이들은 시청의 각종 위원회에 위원으로 추천돼 회의비도 챙긴다. 때로는 위원회 의결사항이나 비밀정보를 공표 전에 유출하고 사익을 챙기거나 힘을 과시한다. 기사 대부분은 시청에서 보도자료로 친절하게 제공하므로 그대로 쓰면 되고, 가끔 민원이나 자신의 이해관계에 해당하면 그때 부정적 기사만을 스스로 작성한다.

민선 이래로 이들의 위세는 대단했다. 각종 이권 사업 관련 브로커 역할도 하고 심지어 공무원 승진 인사에도 영향을 미쳤다. 특히나 언론에 민감한 단체장이 들어서면 이들은 물 만난 물고기였다. 이들의 기사 하나하나에 관련 공무원들은 희비가 교차했다. 간부급 공무원들은 저녁마다 식사 접대를 했고 광고 청탁에 시달려야 했다. 홍보 관련 부서에서는 청사 인근의 식당을 지정하여 항상 점심도 제공했다. 이 와중에 부정청탁방지법은 공무원을 기자에게서 벗어나게 해준 축복이었다. 이 법 덕분에 일부 기자들은 자정 결의도 하고 모든 공밥과 공술을 먹지 않겠다는 의지도 표명했다. 아직 관행과 잔재가 조금은 남아 있지만 머잖아 근절될 것이다.

언론은 위기를 맞고 있다. 포털과 SNS에 익숙한 세대는 신문을 읽지 않는다. 언론의 존립 여부는 외부적인 환경변화 못잖게 내부적인 역할의 수행에 달려 있다. 공기로서 언론은 여론 형성과 권력 감시라는 고유의 역할을 포기할 때 사라질 것이다. 공무원을 철밥통이라고 매도하기 전에 '기레기'라는 일부의 자성을 심각하게 고민해야 한다.

...

음주 운전은 공무원 생활의 암초다

A는 1990년대에 공무원으로 임용돼 B시 팀장직을 맡고 있다. 성격도 원만하고 능력도 있어 차기 사무관 승진의 유력한 후보이기도 하다. 그러나 음주 운전 사고로 이 모든 희망이 물거품이 될 위기에 처해 있다. 그는 서울에서 온 친구를 만나 밤 11시까지 과하게 술을 마셨다. 그는 친구와 헤어진 후 본인의 차 안에서 잠시 눈을 붙인 후 12시에 깨어 취중에 차를 몰고 귀가를 감행했다. 하지만 밀려오는 졸음을 이기지 못하고 결국 도로 가드레일을 들이받았다. 심한 부상으로 병원으로 긴급 이송된 그는, 경찰의 음주 측정 뒤 면허 취소 처분을 받았다.

불행 중 다행으로 혼자 가드레일과 충돌해 본인 이외의 다른 인명 피해가 없었다. 그는 2008년에도 음주 운전에 적발되어 운전면허 취소와 시청의 징계를 받았으나, 2012년에 개정된 음주 운전 횟수의 산정에 적용되지 않아 가중처벌을 피했다. 그는 벌금 500만 원과 감봉,

경징계를 받았다.

　시청 인사위원회 결정은 공무원에게 관대한 편이다. 인사위원 중에 공무원 출신이 많아 팔이 안으로 굽은 면도 있을 것이다. 보통 일반인이 음주 운전으로 적발되거나 사고를 내면 혈중알콜농도와 인적 물적 피해 정도에 따라 징역형이나 벌금형의 처벌을 받는다. 그러나 운전자가 공무원이라면 이 처벌에 더해 공무원법이나 지방자치단체의 조례와 규칙에 따라 추가적인 처벌을 받게 된다. A시의 경우에는 일시적으로 직위를 해제하고 청소 부서에 배치해 매일 시내를 청소하거나 하천의 풀을 뽑게 한다. 일종의 모욕형이라고 할 수 있다. 그러나 음주 운전 공무원 당사자에게는 이렇게 눈에 보이는 처벌보다 더 가혹한 인사상의 불이익이 따른다. 기본적으로 평균 2년 정도 승진이 제한되고 성과평가 점수도 낮아지며 부서 평가 전체에 영향을 미쳐 동료에게도 심리적·금전적 손해를 끼친다. 승진 기간이 많이 남은 신입직원에게는 큰 문제가 안 될 수 있으나 정년이 얼마 남지 않은 공무원에게는 절망적인 상황이다. 그래도 음주 운전의 폐해를 생각하면 더 강한 처벌이 필요하다.

　공무원은 음주 운전에 단속되면 단 한 번으로 해임·파면까지 가능하다. 음주 운전 단속은 사회안정과 개인의 안전을 위해 반드시 뿌리 뽑아야 한다. 자신은 물론 타인의 생명과 재산에 심각한 피해를 주고 신뢰라는 사회적 자산의 가치를 떨어뜨리기 때문이다. 음주 운전 문제의 심각성 때문에 정부는 음주 운전 단속과 처벌을 강화하고 있다.

특히 공무원의 경우는 한 번만 음주 운전 사고를 내도 '원 스트라이크 아웃 제도'를 도입하겠다는 강경 입장이다. 이 조치로 음주 운전이 줄어들었지만, 근절은 되지 않고 있다.

| 8장 |

행정의 특징과
슬기로운 공무원 생활

...

행정은 공공서비스를 효과적으로 제공해야 한다

　자본주의의 생산성은 투입 대비 산출 지표인 효율성으로 평가된다. 기업은 생산성이 높은 분야에 투자를 결정한다. 그러나 정부는 경제적 효율성은 낮지만 사회적 형평성이 높은 사회간접자본 구축과 공공서비스 분야에 투자해야 한다. 국가의 경제 성장에 필수적이지만, 낮은 생산성 때문에 민간의 투자가 어려운 도로, 철도, 공항, 항만 등을 건설하고 국민의 안전과 복지를 위한 공공서비스를 제공해야 한다.

　SOC 건설과 같은 대형 국가사업은 기획재정부가 예산 낭비를 막기 위해 예비타당성조사를 통해 사전 검증을 하지만, 공공성과 형평성은 측정되지 않기 때문에 생산성이 높지 않다. 정부의 원초적인 역할인 공공시설 구축과 공공서비스 제공으로 인해 행정은 비효율이 구조화되어 낭비가 발생한다. 공익을 위한 규제 업무를 하면서 부정부패도 생긴다. 낭비와 부패 방지를 위해 행정을 경영의 관점으로 평가하면 행정의 기본 이념인 공공성과 형평성을 실현할 수 없는 딜레마에 빠진다.

행정의 목표는 정량화가 어려워 성과 측정과 평가가 어렵다. 목표가 분명하지 않으면 성과가 아니라 투입으로 평가받을 수밖에 없다. 그래서 공무원은 항상 바쁘게 일하지만, 성과는 확인하기 어렵다. 공무원은 좋은 평가를 위해, 무슨 일을 하는지 몰라도 늘 개미처럼 바쁘다. 바쁘게 일하는 이유는 타인의 인정과 자기만족이라는 효능감 때문이다. 외부 경쟁이 없고 평가 지표가 애매하니 불필요한 일, 당연한 일, 상시적인 회의와 보고 등으로 바쁘게 일한다. 일하는 방식만 개선해도 낭비를 막고 생산성을 높일 수 있지만, 조직의 관성이 가로막는다. 조직의 불합리하고 관행적인 행태가 눈에 거슬려도 못 본 체하는 게 원만한 조직 생활을 위한 지혜처럼 여겨진다. 개인을 위해서는 업무 문제에 대한 근본적인 대안보다 눈앞의 현실적인 대책이 중요하다.

공공서비스와 경제적 효율성은 양립하기 어렵기 때문에 행정의 성과평가는 업무의 효율성보다 효과성이 기준이 되어야 한다. 효과성은 목표 달성도를 의미한다. 일상적인 행정 업무는 법이나 지침에 따라 처리하면 문제 될 것이 없다. 하지만 새로운 정책이나 사회적 파급효과가 큰 사업을 추진할 때는 반드시 목적과 목표를 염두에 둬야 한다. 업무추진에 어려움이 생기면 음수사원(飮水思源)의 자세로 목적을 먼저 생각하며 판단해야 한다. 당장은 어렵고 비난을 받을 수 있지만, 나중에는 사필귀정(事必歸正)의 결과를 얻을 수 있다.

코로나 시기에 전라북도는 소상공인 방역지원금을 지원했다. 코로나 이전에 개업해 매출이 감소한 소상공인을 대상으로 100만 원을 정액 지급할 계획이었다. 지원 대상은 다양했고 종교시설도 포함됐다. 문제는 시골 교회였다. 농촌의 인구 감소로 교인 수는 감소하고 실제 운영 여부와 매출 감소(?)를 확인하기 어렵다는 현장의 불만이 팽배했다. 전라북도청은 논의 끝에 교회 등록이 남아 있고 건물에 십자가만 있으면 지원하라는 결론을 냈다. 지원목적인 형평성을 실현하고 행정 낭비를 막기 위한 결정이었다.

...

행정에도 경쟁이 있다

행정학 교과서에서 행정이란 공익 목적 달성을 위해 공공문제 해결 및 공공서비스의 생산과 분배 활동이라고 정의한다. 행정의 주체인 정부가 하는 일은 일반 공공행정, 공공질서 및 안전, 통일·외교, 국방, 교육, 문화 및 관광, 환경보호, 사회복지, 보건, 농림 해양수산, 산업·중소기업, 수송 및 교통, 통신, 국토 및 지역개발, 과학기술 등으로 정부 부처의 이름만큼 다양하다. 16개 분야를 다시 68개 기능으로 세분하지만 예산은 단위 과제별로 편성되기 때문에, 추상적인 목적보다는 단위 사업의 목표가 중요하다. 중앙정부는 부서마다 분야와 기능에 따라 고유 업무가 정해져 있으므로 같은 업무를 놓고 부서 간에 경쟁할 일은 적다.

세계화 시대에는 국가 간의 경쟁과 기업 간의 경쟁이 치열하다. 최근에는 전쟁과 공급망 재편 등의 문제로 경쟁이 집단화하고 있다. 그러나 경제적인 이익 창출이 아닌 공공서비스를 제공하는 행정은 경쟁이 원리가 적용되지 않는다. 정부는 수요와 공급에 따라 움직이는 시장과 달리 항상 모든 국민에게 똑같은 공공서비스를 저렴하게 제공해야 하기 때문이다. 전기세와 수돗물값은 항상 원가에 미치지 못하고, 쓰레기 수거 비용은 종량제 봉투값으로 대신한다. 환경부는 환경보호와 물 사용을 줄이기 위해 수도료를 현실화해야 한다고 주장하지만, 지방 물가를 관리하는 행정안전부는 물값 인상에 반대한다. 민간 자본으로 건설한 천안-논산 고속도로와 정부 예산으로 만든 호남고속도로 통행료의 차이는 명절 때마다 입에 오른다. 그래서인지 요즘은 명절 고속도로 통행료가 무료이다. 공공서비스에 경쟁체제를 도입하는 것은 사회갈등의 원인이 된다.

중앙정부와 달리 자치단체는 중앙정부 예산확보를 위해 다른 자치단체와 경쟁해야 한다. 경쟁에서 이기기 위해 중앙의 관련 부서와 예산 부서를 수시로 방문해 사업설명을 하고, 예산을 결정하는 국회를 찾아가 도움을 청해야 한다. 예산 규모가 큰 국가 공모사업은 사전 준비와 정부 동향 파악을 위해 상당한 행정력을 쏟아부어야 한다. 경쟁 없이 정해진 일을 반복하면 무사안일과 전례 답습에 쉽게 빠질 수 있으므로 경쟁은 필요하다. 하지만 경쟁이 격화돼 지역 간 형평성을 해치는 빈익빈 부익부 상태를 방치해서도 안 된다.

행정의 가외성은 조직 내부 경쟁을 무력화하고 무임승차를 부른다
행정이념 중에서 가외성(加外性)은 중복성, 반복성, 중첩성을 의미하는 것으로 능률성과 반대되는 개념이다. 가외성은 불확실한 상황에서 오류 발생을 줄이고 행정의 신뢰성을 높이며 실패를 예방한다는 점에서 타당성이 인정된다. 가외성 이념에 따라 공무원 조직은 예측하기 어려운 위기나 재난에 대비하기 위해 항상 충분한 예산과 인력을 확보해야 한다. 가외성을 고려하지 않고 빡빡하게 조직을 운영하고 예산을 편성하면 재난과 사고 등의 비상 상황 시에 인력과 장비 부족으로 제대로 대처할 수 없다. 적시에 대응하지 못하면 재난 피해가 눈덩이처럼 커져 국민의 생명과 안전을 보장할 수 없게 된다. 그러나 평상시에는 꽉 찬 인력과 장비로 일상 업무와 사고 예방 업무만 수행하기 때문에 무임승차 문제가 발생한다.

무임승차 문제는 업무를 평가할 때 괴리가 더 커진다. 공무원의 성과평가를 위한 목표와 성과 지표는 스스로 정하기 때문에 자의적이고 과소하게 정해진다. 일이 많고 바쁜 직원일수록 지표 발굴이 어렵고 컨설팅받을 시간이 부족한데, 한가한 직원은 꼼꼼히 준비해 좋은 평가를 받을 수 있다. 무임승차자는 실제 일보다는 의전이나 전시행정에 관심을 쏟는 편이라 조직의 분위기를 해치고 화합에 역행하는 경우가 많다. 조직은 악화가 양화를 몰아내는 상황에 빠진다. 그래도 행정의 가외성 원칙과 관행 때문에 무임승차는 개선하기 쉽지 않다.

공무원은 현업 부서 근무보다 지원부서 근무를 선호하는 경향이 있다. 총무나 평가, 기획이나 홍보부서에 근무하면 일은 사무실에서 주로하고 힘 있는 사람도 자주 접할 수 있어 승진에 유리하기 때문이다.

업무의 전문성보다는 인간관계로 일을 처리하기 때문에 정신적으로는 힘들지만 달콤한 승진의 열매가 가까이 있기에 선호한다. 그러나 세상은 변했다. 모든 것이 연결되고 공개되어 의리나 예의만으로 전문성을 극복할 수 없게 됐다. 현업 부서에서 소통하고 현장 당사자와 함께 일하지 않으면 문제 해결 능력을 키울 수 없고, 실효성 있는 정책 제시도 할 수 없다. 현업 부서에서도 얼마든지 능력을 발휘해 성과를 쌓을 수 있다. 퇴직하면 총무나 평가, 기획이나 홍보업무는 활용할 일이 거의 없다. 기술직 공무원은 퇴직하면 민간 분야에서 재취업을 할 수 있지만, 행정직 공무원은 퇴직하면 갈 곳이 드물어 다시 행정 주변을 어슬렁거리는 이유 아닐까.

행정은 힘이 있다

행정은 예산이 있다

예산 없이는 어떤 일도 할 수 없으므로 정책의 본질은 예산이다. 예산은 세입과 세출로 구성되는데 정부의 세입은 대부분 세금으로 마련한다. 세금은 국민이라면 누구도 피해 갈 수 없는 공평 과세를 지향하지만, 정부는 절세나 탈세와 영원한 숨바꼭질을 해야 한다. 세금은 소득에 대한 정당한 대가이자 불평등과 사각지대를 해소하는 수단이며 미래에 대한 투자이다. 그러나 정부의 세수는 항상 초과 징수되고 주인 없는 돈은 줄줄 새기 쉽다. 법인세율은 정권의 성격에 따라 널뛰기를 반복한다.

국가 경쟁력 강화를 위해 정부의 보조금과 연구개발 지원은 필수적이지만, 아직도 눈먼 돈 나눠 먹기로 생각하는 경향이 남아 있다. 예산의 적극적인 낭비는 배임이나 횡령으로 처벌할 수 있지만, 소극적인 낭비는 공무원의 책임 의식 없이는 막을 방법이 없다. 견제와 균형을 위해 예산편성권은 행정부에 있고 의결권은 입법부에 있어 균형 예산과 선심성 예산 사이에 갈등이 생긴다. 국회에서 예산안은 거의 매년 법정 기한을 넘겨 의결된다.

　자치단체는 지역 예산의 확대를 위해 대규모 토건 사업인 SOC(Social Overhead Capital, 사회간접자본)에 집중하는 경향이 있다. 토건 사업은 무엇보다도 예산의 규모가 크고 누구나 인정할만한 가시적인 결과물이 나오기 때문이다. 실제로 토건 사업이 일으키는 건설 경기는 지역경제 활성화에 도움이 된다. 가끔 일부 부패한 단체장의 음성적인 선거자금 조달에 이용되는 부작용이 있지만 유용하다. 대규모 토목건축사업은 표를 얻기에 유리하다. 그러나 자치단체 예산은 표를 얻기 위한 생색내기가 아니라 주민의 삶의 질 개선과 미래 세대를 위한 지속가능한 사업에 써야 한다.

행정은 규제 권한이 있다

　예산을 집행하려면 법적 근거가 있어야 한다. 법은 국회가 제정한 법률, 중앙정부의 명령, 지방의회와 자치단체가 만든 조례와 규칙이 모두 포함된다. 법치행정은 삼권분립의 원칙이자 예산의 자의적인 집행을 차단하는 수단이다. 정부나 민간에서 과거에 없었던 새로운 분야의 사업을 추진하려면 가장 먼저 법률 제정을 위해 노력해야 한다. 하지만 새로운 분야의 법률 제정은 기존의 기득권을 침해할 가능성이 커 강력한 반대에 직면해 갈등을 유발할 수도 있다.

법치행정 원칙은 갈수록 강화돼, 삼권분립의 취지와 달리 입법권을 독점한 의회 독주의 원인이 되고 있다. 반면 국회는 정당 간 갈등의 심화로 정치의 사법화 현상이 나타난다. 일하는 현장에서는 법 못잖게 사업 지침, 사례 유무, 지역 민원 등을 근거로 다양한 규제가 거미줄처럼 쳐져 있어 사업 속도의 발목을 잡는다. 개인이 집을 한 채 짓는데도 땅의 위치와 용도, 규모, 시설, 설비 등에 관한 관련법의 검토 뒤에야 건축허가가 가능하다. 건물의 규모도 건축주가 마음대로 정할 수 없어 법률과 조례가 정한 대지건물비율과 용적률을 지켜야 하고 부설 주차장과 녹지 공간도 확보해야 한다. 건축 관련 규제 내용은 정교하고 복잡해 일반인이 알기 어렵다. 집 한 채 짓고 나면 10년은 늙는다는 말도 있지 않은가.

법적 안정성과 사회적 형평성을 위해 규제는 꼭 필요하지만, 과학기술의 발전, 산업 지형의 변동과 사회 변화에 따라 유연하게 적용해야 한다. 경직된 규제가 국민을 불편하게 만들고 사회발전을 가로막는 장애가 돼서는 안 되기 때문이다.

...

행정의 외부 환경은 변하지 않는다

　광역자치단체의 행정은 전문적이고 종합적이지만 정당, 의회, 이익단체, 주민 등에 의해 영향을 받고 통제받는다. 견제와 통제로 정책 결정의 속도가 느리고 정책 집행이 왜곡되기도 한다. 갈수록 지방의회의 권한과 요구가 커져 전통적인 집행부의 권한인 예산편성과 사업 집행마저 원칙대로 추진하기 어려워지고 있다. 다음 선거를 대비하기 위한 지방의회의 월권이나 지역구 사업에 대한 일부 의원의 행정 간섭이 도를 넘고 있다. 그들에게 행정은 표의 원천이자 선심성의 수단이다.

　지역 균형발전을 위해 수도권의 공공기관을 지방으로 이전해 만든 혁신도시는 지역 내에서 또 다른 불균형을 야기하고 갈등을 유발한다. 수도권 인구 분산을 유도하기 위해 혁신도시에 다양한 도시 인프라와 쾌적한 정주 여건을 구축하자, 기대했던 수도권 인구 유입보다는 혁신도시 인근 지역의 인구를 흡수하는 부작용이 발생한다. 혁신 도시에 전북 대표도서관을 건립하려 하자 혁신도시 외의 지역구 의원 은 지역 내 차별을 주장하며 강력히 반발한다. 인구는 선거 지역구 획정에 가장 중요한 요소로 방심하면 지역구가 사라질 수도 있다. 현역 의원에게는 민감한 문제다. 공무원에게 모욕적인 갑질로 언론에 회자 된 한 도의원은 혁신도시 주변 지역구에 편법적인 예산을 지원하고 다양한 행사를 주관하며 단체장 선거를 준비했다. 그는 갑질로 예비 경선에서 컷오프 됐다.

행정은 언론 친화적이고 공론의 광장이다

언론의 역할은 여론을 형성하고 공권력을 견제하며 감시하는 것이 다. 언론이 사실을 자유롭게 보도할 수 있어야 국민이 올바른 판단을 내릴 수 있기에 헌법은 언론의 자유를 보장하고 있다. 언론의 자유는 민주주의의 필수적인 표현의 자유고 정부는 간섭할 수 없다. 따라서 언론은 항상 책임감으로 공정한 보도를 위해 노력해야 한다. 그러나 일부 지방 언론은 광고와 사업을 얻기 위해 행정을 감시한다. 인터넷 의 등장과 행정의 투명성 강화로 언론 환경은 악화하고 있다. 전북을 기반으로 한 언론사는 인터넷 매체를 포함해 30개가 넘는다. 지역 건 설사나 무가 광고지를 기반으로 한 신문사도 있고, 직원 한두 명 데리 고 운영하는 인터넷 언론사도 있다. 많은 기사를 행정에서 제공하는 보도자료를 바탕으로 작성하지만, 항상 행정이 원하는 대로만 쓰지는 않는다. 가끔 사세가 약한 신문사 기자 중에는 기사의 영향력을 높이 기 위해 똑같은 기사를 1면에 함께 싣기도 한다. 때로는 마음에 들지 않는 공무원에 대해 익명의 제보자를 통한 확인되지 않은 악의적인 기사로 보복하기도 한다.

도청 로비 앞은 거의 일 년 내내 집회·시위가 끊이질 않는다. 그런데 수많은 집회·시위에 잇따라 참여하는 열정적인 사람들이 있다. 그들은 정체를 확인하기 어려운 특정 분야 전문가와 활동가, 모든 정책에 대해 반대로 특화된 교수, 특정 노동조합의 간부 등이다. 이들은 새만금 사업을 비롯해 도청에서 새롭게 시작한 사업에 대한 반대 기자회견과 집회를 자주 연다. 때로는 국가 재난과 대형사고 같은 책임 소재 확인이 어렵고, 단기간에 해결하기 힘든 기후 변화 대책, 심지어 중국과 일본의 만행에 대한 대책도 요구한다. 그들의 염려를 모르는 건 아니지만 권한과 능력이 제한된 자치단체에게 새로운 사업은 무조건 반대하면서 무엇을 기대하는지 알 수가 없다.

언론과 시민단체는 분명한 존재 목적이 있다. 그들은 행정을 견제하고 감시하여 국민의 알권리를 충족시켜 사회의 공공성을 환기시켜야 한다. 공무원 내부에서는 언론을 불가근불가원(不可近不可遠)의 자세로 대해야 한다고 권한다. 너무 가깝지도 멀지도 않게 대하라는 것인데 실행하기 어렵다. 과거에 한 도지사는 언론을 도민을 대하듯이 하라고 주문했다. 정확한 의도를 알 수 없지만 모든 것을 투명하게 공개하라는 원칙과 태도를 말한 것이라면 동의할 수 있다. 언론은 피할 수도 없고 속일 수도 없기 때문에 모든 것을 투명하게 공개하고 적극적으로 설명하는 것 외에는 언론 대책이 있을 수 없다. 중요한 업무는 평상시에 진행 과정을 설명하고 브리핑해 기자들의 이해도를 제고시켜야 한다. 그래야 갑자기 문제가 발생해도 침소봉대의 위험에서 벗어날 수 있다.

● ● ●

행정이 일자리를 제공해야 한다

　사람은 생계를 해결하고 사회적 관계를 유지하며 자아를 실현하기 위해 일자리가 필요하다. 그동안 일자리는 주로 기업이 만들고 행정은 지원하는 역할을 했다. 일자리는 노동을 보장하고 노동은 생산, 협동, 보람, 보상, 지속, 승진, 숙련 등의 가치를 창출한다. 그러나 기업의 일자리는 획일성, 타율성, 효율성을 추구하기에 종사자의 불안감이 높다. 노동 현장의 불안감을 해소하기 위해서는 일자리의 본질은 노동이 아니고 소득이어야 한다. 기업이나 조직에서 주어진 일을 수행해야만 얻을 수 있는 소득을 넘어 노동하지 않아도 인간다운 생활 유지를 위한 최소한의 소득이 보장되어야 한다.

　노동해방과 삶의 자유를 위한 관건은 기본소득을 어떻게 마련하느냐. 기본소득의 원천은 세금이므로 많은 논의와 합의가 필요하다. 공짜로 돈을 주는데 누가 일을 하겠느냐는 반문은 반대를 위한 반대다, 더 나은 소득, 호기심, 명예, 사명감 등을 간과한 인간에 대한 무시와 무지다. 아무리 과학기술이 발전해도 컴퓨터, 로봇, 기계, 프로그램이 대체할 수 없는 비정형화된 정치, 시민 갈등, 의전, 돌봄 등은 여전히 존재할 것이다. 미래에 필요한 일이 획일적인 8시간 노동으로만 실현되지는 않을 것이다. 불확실한 노동의 미래에 대비해 행정은 직접적인 소득 지원과 일자리 제공을 위해 적극적으로 나서야 한다. 행정 편의를 위해 개인에게 직접 지원하기보다는 중간에 기관이나 단체를 경유하는 관행에서 벗어나야 한다. 행정은 미래를 불안하게 바라보는 국민을 위한 등대가 되어야 한다.

2023년 7월 3일 초판 1쇄 발행

지 은 이 김용만
펴 낸 이 홍남권
편　　집 조창완
판　　형 152mm×210mm
페 이 지 259
무　　게 380g
펴 낸 곳 온하루 출판사
디 자 인 박혜진
제　　작 (주)파코스토리

출판사 등록번호 제2014-000030호
출판사 주소 전북 전주시 덕진구 무삼지2길 10-3 4층
연 락 처 063-225-6949 / 010-7376-8430
이 메 일 nnghong@naver.com
ISBN 979-11-88740-28-4

값 16,500원